LA
COMEDIE
SANS
COMEDIE

PAR LE Sr QVINAVLT.

Imprimée à ROVEN, Et se vend

A PARIS,

Chez GVILLAVME DE LVYNE,
Libraire Iuré, au Palais, dans la Salle
des Merciers, à la Iustice.

M. DC. LX.

AVEC PRIVILEGE DV ROY.

A
MONSEIGNEVR
MONSEIGNEVR
LE MARQVIS
DE LA
MAILLERAYE,
GRAND-MAISTRE
DE L'ARTILLERIE
DE FRANCE.

MONSEIGNEVR,

Le Sujet de cette Comedie est si peu
ordinaire, qu'il a sans doute besoin pour

ã ij

estre souffert, d'vne protection qui ne soit
pas commune : nous viuons dans vn
Royaume où presque naturellement tout
ce qui est nouueau, paroist tousiours agreable; mais vous sçauez qu'ordinairement
vne estime de cette nature finit auec autant de promptitude qu'elle commence, &
que l'on n'est pas long-temps à trouuer des
deffauts dans les choses les mieux receuës,
quand on n'y rencontre plus la grace de la
nouueauté. C'est ce qui me fait craindre
que cette Piece de Theatre toute differen-
te des autres, ne conserue pas dans son
impression le bruit fauorable que ses repre-
sentations luy ont acquis, & qu'apres
auoir paru heureusement & auec éclat
sur la Scene, elle n'aye pas la mesme bon-
ne fortune, alors qu'elle n'aura plus le
mesme ornement. Ce mauuais succez seroit inéuitable si ie n'auois trouué le secret de rendre cet Ouurage plus glorieux
qu'il ne fut iamais, en le consacrant à la
Personne du monde la plus illustre. Ie

EPISTRE.

m'asseure, MONSEIGNEVR, qu'il
seroit inutile de rien dire de plus pour
faire connoistre que c'est de vous de qui
ie veux parler : l'éclat de la Naissance
& la grandeur de Courage qui rendent
aujourd'huy les Hommes si considerez,
ne sont pas les seules sources dont vous
pouuez tirer toute vostre gloire ; Le bon-
heur d'estre Fils d'vn Pere fameux par
tant de Batailles gagnées, & par tant de
Sieges heureusement acheuez, n'est pas
vn auantage que vous comptiez entre
ceux qui vous sont propres ; Ce n'est pas
aussi parce que vous estes braue au dernier point que vous estes extrémement
loüable, puis qu'estant sorty du plus vail-
lant de nos Heros, la plus haute Valeur
ne peut estre en vous qu'vn bien heredi-
taire : C'est par l'éclat de vostre Esprit,
& par la grandeur de vostre Ame que
vous estes principalement digne de l'ad-
miration de tous ceux qui connoissent
le veritable Merite. Bien qu'il semble

qu'vne Fortune auſſi grande que la voſtre, ne puiſſe eſtre conſeruée que par
des ſoins ſans relaſche & par des com-
plaiſances ſans reſerue, toute la France eſt juſtement perſuadée qu'il n'y a
point de belle Connoiſſance que vous
n'ayez acquiſe, ny d'éclatante Vertu
que vous n'ayez pratiquée. La foi-
bleſſe de mes expreſſions ne pourroit
m'empeſcher de dire vn nombre preſ-
que infiny de choſes brillantes ſur vne
ſi riche matiere, ſi ie ne craignois que
mon Zele ne deuinſt indiſcret, & qu'en
découurant voſtre gloire, il n'offençaſt
voſtre modeſtie : ie dois me ſouuenir que
vous fuyez les loüanges auec la meſme
ardeur que vous cherchez à les meriter, & que la Verité ceſſe meſme de vous
plaire, alors qu'elle commence d'eſtre à
voſtre auantage. I'oſe eſperer toutesfois
que vous aurez la bonté de ſouffrir auec
indulgence ce qui me reſte encore neceſ-
ſairement à vous dire, puis que vous n'y

trouuerez rien de glorieux que pour moy
& que ce ne sera qu'vne protestation
tres-respectueuse d'estre toute ma vie,

MONSEIGNEVR,

Vostre tres-humble & tres-
obeissant seruiteur,
QVINAVLT.

Noms des Acteurs du premier Acte.

IODELET,	Valet de Hauteroche.
HAVTEROCHE,	Comedien.
CHEVALIER,	Fils de la Fleur.
LA ROQVE,	Comedien.
POLIXENE,	Sœur de la Roque.
AMINTE,	Fille de la Fleur.
SILVANIRE,	Sœur aiſnée d'Aminte.
LA FLEVR,	Marchand.

La Scene eſt à Paris.

LA

LA COMEDIE SANS COMEDIE.

ACTE I.

SCENE PREMIERE.

IODELET, HAVTEROCHE.

IODELET, ioüe du Theorbe & chante
apres auoir posé vne lanterne sourde à terre.

LA nuit qui verse à pleines mains
  Ses doux pauots sur les humains,
Fait sommeiller le bruit & ronfler la tristesse;
  Et le Soleil ce grand Falot
  Est allé plus viste qu'au trot,
    Chez Thetis son hostesse,
    Dormir comme vn sabot ;
La fugue est rafinée & l'accord n'est pas sot.

HAVTEROCHE *à part.*

C'eſt mõ valet qui chante, ah l'inſolence eſtrange!

IODELET.

Ie me ſens en humeur de chanter comme vn Ange.

[*Il continuë à chanter.*]

Tandis parmy des Loups-garoux,
Des Chats-huants & des Hiboux,
Ie fais malgré mes dents icy le pied de gruë,

[*Vne corde du Theorbe ſe rompt.*]

Peſte, au plus bel endroit vne corde eſt rompuë.
Dieu, c'eſt la chanterelle, helas, quelle pitié !
Si mon maiſtre ſuruient ie ſuis eſtropié ;
Ce ſoir à ſa Coquette il donne ſerenade.

HAVTEROCHE.

Le maraut !

IODELET.

Ie crains fort ſa premiere boutade.
Sa teſte eſt bien legere, & ſon bras eſt fort lourd,
Il eſt prompt comme vn diable, & frape comme vn
ſourd.

HAVTEROCHE.

Aſſommons ce faquin.

IODELET.

Au voleur, on me tuë !

SCENE II.

CHEVALIER, HAVTEROCHE, IODELET.

CHEVALIER *sortant de son logis.*

I'Entends de Iodelet la voix qui m'est connuë,
Quelqu'vn luy fait outrage, il faut le secourir.
Qui que tu sois, demeure, ou t'apreste à mourir.

HAVTEROCHE.

Espargnez vos amis, calmez vostre furie.

CHEVALIER.

C'est toy, cher Hauteroche! excuse, ie té prie.
Ie croyois que quelqu'autre outrageoit ton valet.

IODELET.

Ma foy, ie m'ennuyois de garder le mulet.
Vne corde a sauté, dont j'enrage, ou ie meure.

HAVTEROCHE.

Traistre! IODELET.
Tout-beau, ie vais en mettre vne meilleure.

HAVTEROCHE.

I'ay soupé chez Ariste, & ie viens dans l'espoir
D'oser auec vn air vous donner le bon-soir.

CHEVALIER.

Dis à ma ieune sœur dont ton ame est touchée.

HAVTEROCHE.

Ma passion pour vous ne fut iamais cachée.
Vous sçauez que ie brûle, & que sans vostre aueu
I'aurois tousiours languy sans découurir mon feu;
Mais vos bontez en vain fondent mon esperance,
La Fortune entre nous met trop de difference,

A ij

Voſtre pere eſt fort riche, & cheriſſant le bien
Il aura du mépris pour vn Comedien.
Ie crains qu'il ſoit atteint de l'horreur ordinaire
Que noſtre nom imprime en l'ame du vulgaire,
Et comme de noſtre Art il ignore le prix,
Noſtre amour n'obtiendra de luy que du mépris.

CHEVALIER.　　　(ce
Vous ſçauez qu'il attend deux vaiſſeaux en Prouen-
Où ſont auec nos biens toute noſtre eſperance,
Et que d'vn coup de vent le Deſtin irrité
Peut encore entre nous mettre l'egalité ;
Ie ſuis meſme alarmé d'auoir cet Ordinaire
Manqué de receuoir des lettres de mon pere.
Quoy qu'il arriue enfin, j'eſpere à ſon retour
Luy faire par mes ſoins aprouuer ton amour,
Ma ſœur de ſon côſté te ſera fauorable.

HAVTEROCHE.
Vous me voulez flater d'vn menſonge agreable.

CHEVALIER.
Non, ie ſçay qu'elle t'aime.

HAVTEROCHE.
　　　　　　　Ah, c'eſt trop de moitié,
Ie ſuis aſſez heureux ſi ie luy fais pitié.
Ie ſçay que fort ſouuent la Roque la viſite,
Ie connoïs mes deffauts & connois ſon merite :
Il en reçoit ſans doute vn traitement bien doux.

CHEVALIER.
C'eſt à dire en vn mot que tu deuiens jaloux ;
Mais à tort ſur ce point ton eſprit s'inquiette,
La Roque aime l'aiſnée & non pas la cadette :
Elle n'eſt pas d'humeur à faire vn ſecond choix,
Elle aimera touſiours ce qu'elle aime vne fois.
Pleuſt au Ciel que le Sort me fut auſſi propice!
Helas!

HAVTEROCHE.
Vous foûpirez !
CHEVALIER.
C'eſt auecque iuſtice.
HAVTEROCHE.
Tout ſuccede à vos vœux, tout rit à vos deſirs,
I'ignore quel ſujet peut cauſer vos ſoûpirs.
CHEVALIER.
Si tu peux l'ignorer, ton erreur eſt extréme,
Alors que l'on ſoûpire, on dit toûjours qu'on aime.
Ie l'auoüe, oüy, l'Amour a ſçeu me ſurmonter.
HAVTEROCHE.
C'eſt vn mal qu'on peut fuir, mais non pas éuiter,
Et ſi c'eſt vn defaut, dans le ſiecle où nous ſom-
mes,
C'eſt au moins le defaut qu'ont tous les galants
hommes.
CHEVALIER.
Vne jeune beauté hier au ſoir dans vn bal
Sçeut à ma liberté porter le coup fatal.
HAVTEROCHE.
Quelle eſt ſa qualité ?
CHEVALIER.
Ie n'en ſçay rien encore.
HAVTEROCHE.
Au moins tu ſçais ſon nom ?
CHEVALIER.
Nullement, ie l'ignore,
Et pour rendre mon ſort funeſte au dernier point,
Ceux à qui j'en parlay ne la connoiſſoient point:
Et pour toute faueur, ce miracle des Belles,
M'aſſeura que bien-toſt j'aurois de ſes noüuelles.
HAVTEROCHE.
Cher amy, ie vous plains.

CHEVALIER.

Mais c'eſt trop t'arreſter,
Ceſſons de diſcourir, & commence à chanter.

HAVTEROCHE.

Ie vay chanter des vers d'vne piece nouuelle
Dont ie croy la penſée eſtre aſſez naturelle.

SCENE III.

LA ROQVE, POLIXENE, CHEVALIER, HAVTEROCHE, IODELET.

LA ROQVE.

PArdonne à mon amour mon inciuilité,
Ma ſœur, & chante icy l'air que j'ay ſouhaité.

POLIXENE *chante en voix de deſſus.*

Sœur du Soleil, éclatante Couriere,
Vous n'euſtes iamais de lumiere
Egale au bel éclat qu'Olimpe a dans les yeux.

HAVTEROCHE.

I'allois chanter ces vers.

CHEVALIER.

Que rien ne te retienne,
On chante vne partie oppoſée à la tienne.

HAVTEROCHE *chante en voix de haute contre.*

Sœur du Soleil, éclatante Couriere,
Vous n'euſtes iamais de lumiere
Egale au bel éclat qu'Olimpe a dans les yeux.

LA ROQVE.

Si ie ne ſuis trompé cette voix m'eſt connuë,
Ne t'en eſtonne point, ma ſœur, & continuë.

POLIXENE *continuë à chanter.*

Et cet Aftre naiffant d'où i'ay tiré ma flame
A plus mis de feux dans mon ame
Que vous n'en mettez dans les Cieux.

HAVTEROCHE *continuë auffi à chanter.*

Et cet Aftre naiffant d'où i'ay tiré ma flame
A plus mis de feux dans mon ame
Que vous n'en mettez dans les Cieux.

LA ROQVE *à Polixene.*

Ma Maiftreffe paroift, acheue en diligence.

CHEVALIER *à Hauteroche.*

Acheue promptement, Aminte icy s'auance.

SCENE IV.

SILVANIRE, AMINTE,
HAVTEROCHE, CHEVALIER,
LA ROQVE, POLIXENE,
IODELET.

AMINTE.

CEt air s'adreffe à moy.

SILVANIRE.

Dieu, quelle vanité !
On chante icy pour moy fous vn nom emprunté,

Ils chantent enfemble.

Quand vous brillez fur la terre & fur l'onde
Voyez-vous quelque chofe au monde
Egale à fes appas, ou pareille à ma foy ?
Vous n'y pouuez rien voir de plus aymable qu'elle,
Ny rien auffi de plus fidelle,
Et de plus amoureux que moy.

POLIXENE, *à la Roque.*

Abordez Siluanire, & luy parlez sans crainte.

CHEVALIER, *à Hauteroche.*

Tu peux prendre le temps d'entretenir Aminte,
Auec cette clarté j'iray voir cependant
Qui pour troubler ta voix est assez imprudent.

HAVTEROCHE.

Agréez ce deuoir, Aminte ma maistresse.

AMINTE, *à sa sœur.*

Iugez si c'est à moy que la chanson s'adresse.

LA ROQVE.

Siluanire, aprouuez ces marques de ma foy.

SILVANIRE, *à sa sœur.*

Iugez si la chanson s'offre à d'autres qu'à moy.

CHEVALIER.

Amy, que voy-ie? ah Ciel! ô merueille estonnante!

HAVTEROCHE.

Quoy donc, qu'auez-vous veu!

CHEVALIER.

La Beauté qui m'enchante,
La mesme que ie vis dans vn bal hier au soir,
Et qui se fit aimer dés qu'elle se fit voir.

LA ROQVE.

Vous aimez donc ma sœur, comme j'aime la

CHEVALIER.   (vostre?

Ah, si c'est vostre sœur quel bon-heur est le nostre!
Ie l'aime, & dans l'ardeur dont ie suis enflamé,
Ie ferois l'impossible afin d'en estre aimé,
Vous obtiendrez ma sœur au retour de mon Pere,
De la vostre tandis que faut-il que j'espere?
Vueillez la consulter.

POLIXENE.

Consultez vostre feu, (peu.
Qui prend beaucoup d'amour peut en donner vn

SCENE V.

LA FLEVR, SILVANIRE AMINTE, CHEVALIER, HAVTEROCHE, LA ROQVE, POLIXENE, IODELET.

LA FLEVR.

APres auoir perdu tout mon bien deſſus l'onde
Ie fuis auec raiſon la lumiere, & le monde :
Le Bien ſans la Vertu reçoit par tout des prix,
Et la Vertu ſans Bien n'obtient que des meſpris.
Allons voir nos enfans & pleurer noſtre perte,
Entrons viſte au logis, la porte en eſt ouuerte.

Il entre dans le logis.

SILVANIRE.

Pour nous entretenir auec plus de repos
Entrons dans la maiſon.

CHEVALIER.

Il eſt fort à propos :
Dans l'excez du plaiſir dont j'ay l'ame accablée
Ie l'oubliois.

SILVANIRE *ſortant du logis à la haſte.*

Fuyons.

CHEVALIER.

Qui vous rend ſi troublée ?

SILVANIRE.

Mon pere eſt de retour, & d'vn air inhumain
Il marche ſur nos pas vn poignard à la main :
Arreſtez ſa fureur.

LA FLEVR *leuant le bras pour frapper*
Cheualier.

Ah, perfide!

CHEVALIER.

Ah, mon Pere!

Efpargnez voftre fils.

LA FLEVR.

Mon fils! qu'allois-ie faire?
Tous nos biens font perdus, mais fauuons noftre
honneur,
Mes filles ont chacune vn lâche fuborneur:
Deux galants inconnus, à mes yeux trop fidelles,
En leur baifant les mains font entrez auec elles.

CHEVALIER.

Dans vne iniufte erreur vos trâfports vous ont mis,
Ce font gens de merite, & de plus mes amis.

LA FLEVR.

Mais ils ont de l'amour.

CHEVALIER.

L'amour n'eft pas vn crime,
L'hymen qu'ils ont pour but rend leur feu legi-
time;
Et puis que la fortune a dans le fein des eaux
Auec tout noftre efpoir abifmé nos vaiffeaux,
Vueillez ne trouuer pas leur recherche importune,
Ils aimeront mes fœurs malgré leur infortune.

LA FLEVR.

Vous ne fçauriez, mon fils, parler plus fagement,
Ie promets de leur faire vn plus doux traitement.

HAVTEROCHE.

Nous ofons aprocher apres cette promeffe,
I'aimay toufiours Aminte, & ie vous le confeffe:
Cet amour continuë, & le fort rigoureux
Qui peut tout fur fes biés, ne peut rié fur mes feux.

LA ROQVE.

Ie ſuis trop amoureux pour pouuoir eſtre auare,
I'adore en Siluanire vn treſor aſſez rare:
Elle n'a rien perdu qui me ſoit precieux
Puis qu'il luy reſte encor l'éclat de ſes beaux yeux.

LA FLEVR.

On ne ſçauroit former de deſirs plus honneſtes;
Mais pourrois-je, Meſſieurs, demander qui vous

HAVTEROCHE.   (eſtes?

Ie ſuis né, grace au Ciel, d'aſſez nobles parents,
I'ay receu dans la Cour mille honneurs differents:
La France à m'admirer ſouuent s'eſt occupée;
Le Fauory du Roy m'a donné cette eſpée:
I'ay receu des faueurs des gens du plus haut rang,
Ce diamât de prix viét d'vn Prince du ſang; (ques,
I'ay l'heur d'eſtre connu du plus grand des Monar-
Et j'ay de ſon eſtime eu d'éclatantes marques:
Il m'écoute par fois mieux que ſes courtiſans,
Et l'habit que ie porte eſt vn de ſes preſens.

LA FLEVR.   (gendre;

I'auray beaucoup d'honneur de vous auoir pour
Mais quel eſt l'autre amant?

LA ROQVE.

Ie m'en vay vous l'apprendre.
Quant à moy, pour parler auec ſincerité,
La fortune en naiſſant ne m'a pas bien traité;
Mais ſi lors ſon erreur me fut injurieuſe,
Elle a rendu depuis ma vie aſſez fameuſe.
Ie me ſuis veu ſouuent vn Sçeptre entre les mains,
Dans vn rang au deſſus du reſte des humains:
I'ay de mille Heros reglé les Deſtinées,
I'ay veu deſſous mes pieds des Teſtes couronnées,
Et j'ay par des exploits auſſi fameux que grands
Vangé les iuſtes Rois & détruit les Tyrans.

J'ay conquis des Tresors, j'ay forcé des Murailles,
I'ay donné des Combats, j'ay gagné des Batailles,
Et me suis veu vingt fois possesseur glorieux
De tout ce que la Terre a de plus precieux.

LA FLEVR.

O Ciel ! que ie vay voir de gloire dans ma race !
Mais quel est vostre employ? dites le moy, de grace.

LA ROQVE.

Nous joüissons tous deux d'vn repos assez doux.

LA FLEVR.

Mais apres vostre hymen enfin que ferez-vous ?
Ie voudrois le sçauoir.

HAVTEROCHE.

S'il faut qu'on vous le die,
Nous ferons...   LA FLEVR.

Poursuiuez.

HAVTEROCHE.

La...

LA FLEVR.

Quoy ?

LA ROQVE.

La Comedie.

LA FLEVR.

La Comedie ! hé quoy, ce sont là vos grands biens?
Vous n'estes donc, Messieurs, que des Comediens?
Vous pouuez autrepart aller chercher des femmes,
Mes filles ne sont pas des Objets pour vos flames,
Quoy qu'elles soient sans bien, tournez ailleurs
         vos pas,
Elles ont de l'honneur, & vous n'en auez pas:
Vous, dőt l'art dágereux n'a pour but que de plaire
Aux desirs dereglez de l'ignorant Vulgaire:
Vous, qui ne faites voir pour belles actions
Que Meurtres, ou Larcins, ou Prostitutions,

                                        Et

Et qui n'apronez rien par tous vos artifices
Qu'à quitter les vertus pour pratiquer les vices;
Vous, qu'vn gain lâche anime, & qui ne profitez
Que du prix des forfaits que vous reprefentez.

IODELET.

Enfin fi l'on en croit ce vieillard venerable,
Tous les Comediens ne valent pas le diable.

HAVTEROCHE.

Touchant la Comedie on peut dire auec vous
Qu'elle fut autrefois l'Art le plus vil de tous,
Et qu'en vos jeunes ans elle eftoit encor pleine
De mille impuretez dignes de voftre haine ;
Mais depuis qu'en nos iours de merueilleux Efprits
Ont épuré cet Art par leurs doctes efcrits,
Ses deffauts font changez en graces immortelles
Dôt le charme eft fenfible aux ames les plus belles.
La Scene eft vne efcole où l'on n'enfeigne plus
Que l'horreur des forfaits & l'amour des vertus,
Elle émeut à la fois le ftupide & le fage,
Montrant des paffions, elle en montre l'vfage:
La Comedie au vif nous fçait reprefenter
Tout ce que l'on doit fuiure ou qu'on doit éuiter.
Quand le Crime y paroift, il paroift effroyable,
Quand la Vertu s'y montre, elle fe montre ayma-
    ble:
Le Coupable y reçoit la peine qu'il luy faut,
S'il s'éleue par fois, c'eft pour choir de plus haut.
L'Innocent y triomphe, & fi le Sort l'outrage,
Il l'abat pour apres l'éleuer dauantage,
Et c'eft vn Art enfin qui fçait en mefme temps
Inftruire la Raifon & diuertir les Sens.

LA ROQVE.

A tant de veritez j'ofe adjoufter encore
Que cet Art annoblit, bien loin qu'il deshonore.

De ce qu'il fut jadis il est bien different,
Son but n'est point de plaire au Vulgaire ignorant,
Il ne destine plus ses beautez sans égales
Qu'aux Esprits éclairez & qu'aux Ames Royales.
Est-il honneur plus grãd que d'auoir quelque-fois
Le bien d'estre agreable au plus fameux des Rois,
De méler quelque joye aux importantes peines
De la plus vertueuse & plus grande des Reines,
Et de donner relâche aux soins laborieux
Du plus brillant Esprit qui soit venu des cieux,
D'vn Ministre animé d'vne ame peu commune,
Et grand par sa Vertu plus que par sa Fortune?

LA FLEVR.

Enfin si l'on vous croit, rien n'est égal à vous;
Mais, Messieurs, si vostre art est si noble & si doux,
Il faut à qui pretend l'exercer auec gloire
Beaucoup de jugement, d'adresse, & de memoire,
Il faut que rien ne manque à qui s'en veut méler,
C'est trop peu d'y bien faire, il y faut exceller.

HAVTEROCHE.

Vostre ame sur ce point doit estre satisfaite,
Nous pouuons composer vne Troupe parfaite;
La nostre depuis peu s'est rompuë à Paris,
Dont on peut aisément recueillir les débris :
I'ay deux Sœurs, & la Roque vne encor fort char-
mante
Que vostre fils cherit d'vne ardeur vehemente,
Nous auons des Valets, des Amis, des Parents
A qui l'on peut donner des rôles differents,
Et si nous y joignons vos Filles & leur Frere,
Nous ferons vne Trouppe assez forte pour plaire,
Et pour voir si l'on peut se contenter de nous,
Nous ne chercherons point d'autre Iuge que
vous.

LA FLEVR.

Mais pour en bien juger, il faudroit, ce me semble,
Vous voir representer la Comedie ensemble.

LA ROQVE.

Il le faut bien ainſi, voſtre Fils & ſes Sœurs
Ont touſiours du Theatre eſtimé les douceurs :
Chacun d'eux ſçait aſſez de vers de Comedie
Pour n'auoir pas beſoin qu'aucun en eſtudie,
Et pour vous diuertir par de differents vers,
Nous repreſenterons quatre Sujets diuers :
D'abord la Paſtorale, où vous pourrez connoiſtre
Qu'Amour ſe plaiſt ſouuent ſous vn habit cham-
peſtre ;
Qu'aux champs comme à la Cour il ſçait donner
des loix,
Et qu'il frappe auſſi-bien les Bergers que les Rois.
Nous donnerons en ſuitte vne Piece burleſque
Où nous ferons paroiſtre vne image groteſque
Des deſauts qu'on remarque aux vulgaires eſprits,
Et tels qu'il faut qu'ils ſoient pour donner du mé-
pris.
En ſuitte vous verrez vne Piece tragique,
Où nous vous marquerons d'vn ſtile magnifique
Les maux que peut cauſer vn deſir mal reglé
Dans le plus grand des cœurs quand il eſt aueuglé.
Enfin ſur ces eſſays noſtre Troupe enhardie
Fera voir vn ſujet de Tragicomedie,
Où nous pourrons encor méler pour ornemens
Des Machines en l'air & des Concerts charmans.
Nous y ferons cognoiſtre à voſtre ame interdite
Que toute force cede à celle du Merite,
Et que de quelque effort dont on ſoit combatu,
Les Charmes les plus grands ſont ceux de la
Vertu.

B ij

LA FLEVR.

L'on ne peut propofer rien de plus équitable :
Ce que vous promettez m'eft beaucoup agreable,
Et ie ne feray point contraire à vos fouhaits
Pourueu que vos difcours foient fuiuis des effets ;
Mais quand, pour fatisfaire au defir qui me preffe,
Pretendez-vous pouuoir tenir voftre promeffe ?

HAVTEROCHE.

Noftre amour nous en preffe encore plus que vous,
Vous aurez dés demain vn paffe-temps fi doux :
Nos Décorations en nos mains demeurées
Seront en peu de temps fans peine preparées,
Et demain à vos yeux nous paroiftrons tous prefts
A faire cet effay dans l'Hoftel du Marefts :
Il fuffira ce foir de choifir quatre ouurages,
Et de faire entre nous le choix des perfonnages.

LA FLEVR.

Ce choix eft important, & vous auez raifon ;
Mais pour y mieux fonger entrons dans ma mai-
fon.

Fin du premier Acte.

Noms des Acteurs du second Acte.

LA FLEVR,	Comedien.
HAVTEROCHE,	Comedien.
CLOMIRE,	Bergere.
SELVAGE,	Satire.
FORESTAN,	Satire.
DORISE,	Sœur de Clomire, déguisée en Berger.
MONTAN,	Nourricier de Dorise.
FILENE,	Berger, amant de Clomire.
D'AFNIS,	autre Berger, amant de Clomire.

La Scene de la Pastorale est dans l'Isle de

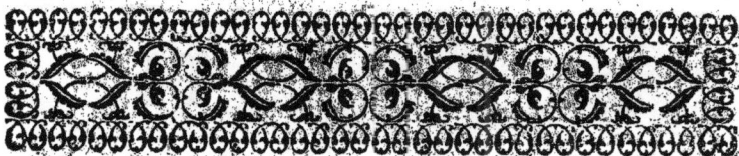

ACTE II.

CLOMIRE

PASTORALE.

SCENE PREMIERE.

LA FLEVR, HAVTEROCHE.

LA FLEVR.

E Soleil a quité son humide demeure,
Serez-vous bien-tost prests?

HAVTEROCHE.

Ouy, Monsieur, tout à l'heure,
De ce siege pour vous qu'en ces lieux on a mis
Vous verrez les essays que nous auons promis.

LA FLEVR.

Faites donc qu'à l'instant vos Compagnons com-
Ie brûle de les voir.　　　　(mencent,

HAVTEROCHE.

Ie les vois qui s'auancent,
Placez-vous, & sur tout en cette occasion
Vueillez les écouter auec attention.

La Fleur se place sur vn siege au coin du Theatre.

SCENE II.

LA FLEVR, CLOMIRE, SELVAGE, FORESTAN.

CLOMIRE.

IE suis perduë, ô Ciel!

SELVAGE.

Ie vous tiens, inhumaine,
Voftre legereté pour ce coup fera vaine.

CLOMIRE.

De grace, laiffez-moy.

FORESTAN.

Ie ferois vn grand fat
De laiffer dans ma faim vn mets fi delicat.

CLOMIRE.

Ie suis morte.

SELVAGE.

Non, non, que rien ne vous eftonne,
Le mal qu'on vous fera n'a fait mourir perfonne.

CLOMIRE.

Quoy, vous ceffez pour moy d'eftre refpectueux?

FORESTAN.

La Fortune & l'Amour fe mocquent des honteux.

SELVAGE.

Ie fçay que pour mary l'on vous donne Filene,
Qui va de tous mes foins cueillir le fruit fans
    peine.

FORESTAN.

L'autre iour mefme encor ie le vis couronné
Du chapeau de jafmins que ie vous ay donné.

SELVAGE.

Plus ardent qu'vn Lyon qui donne fur fa proye
Ie pretends bien tantoft m'en donner à cœur joye.

FORESTAN.

Vous pafferez le pas, & c'eft à cette fois
Que ie vay mettre enfin voftre honneur aux abois.

SELVAGE.

Laiffe moy la mener dans ma Grote ancienne.

FORESTAN.

Dans ta Grote ! ah, j'entends la mener dans la
mienne.

SELVAGE.

Vois-tu ? tous tes difcours font icy fuperflus,
Tu l'auras feulement quand ie n'en voudray plus.

FORESTAN.

Tu conteras deux fois, tu contes fans ton hofte,
Ie pretends bien me battre auât que l'on me l'ofte.

SELVAGE.

Tu l'aurois le premier ?

FORESTAN.

Quoy, ie ne l'aurois pas ?
Ie l'auray. SELVAGE.

Toy ?

FORESTAN.

Ouy, moy.

SELVAGE.

Ma foy, tu mentiras.

FORESTAN.

C'eft toy qui mentiras.

SELVAGE.

Crains que ie ne me fâche.

FORESTAN.

Moy, te craindre ? qui toy, des Bouquins le plus
lâche ?

SELVAGE.

Bon pour toy, t'ay-je pas cent fois fait filer doux?

FORESTAN.

Sus, il en faut venir des injures aux coups,
Que le plus fort l'emporte.

CLOMIRE.

Où me voy-ie reduite !
Mais durant leur combat il faut prendre la fuite.

Elle fuit.

SELVAGE.

Le grand coup que voicy !

FORESTAN.

Le grand coup que voila !

SELVAGE.

Pleuſt au Ciel que quelqu'vn vint mettre le hola !

FORESTAN.

Demandôs-luy quartier, s'il redouble, il m'acheue.

SELVAGE.

Attends pour vn moment, compagnon, faiſons
treue.

FORESTAN.

I'y conſens de bon cœur, car j'en ay grand beſoin,
Mais Clomire ?

SELVAGE.

Ah, ma foy, ie croy qu'elle eſt bien loin,
Nous perdrions nos pas la ſuiuant dauantage,
Qu'en dis-tu ?

FORESTAN.

Qu'ay-je à dire au moment que j'enrage?

SELVAGE.

Tout mon dos eſt en ſang.

FORESTAN.

Il l'eſt moins que le mien,
Ie ſuis meurtry de coups, & tout cela pour rien.

SELVAGE.

N'eſt-ce eſtre pas bien fat, que lâcher ainſi priſe?

FORESTAN.

C'eſt par ton peu d'eſprit.

SELVAGE.

Plûtoſt par ta ſottiſe,
Il faloit craindre tout de ſa ſotte vertu ;
Deuois-tu la quitter ?

FORESTAN.

Pourquoy la quittois-tu ?

SELVAGE.

Ne prenons plus querelle ; il y va trop du noſtre,
Auoüons nous tous deux auſſi ſots l'vn que l'autre ;
Si nous la retrouuons, il faut s'accorder mieux,
Et ne ſe battre plus ainſi pour ſes beaux yeux.

FORESTAN.

Ses parens pour mary luy deſtinent Filene,
Faiſons que ce Riual ait part à noſtre peine :
Tâchons de l'atraper, & le roüant de coups,
Mettons-le hors d'eſtat de ſe voir ſon eſpoux.

SELVAGE.

Il le faudra ſur tout prendre à noſtre auantage.

FORESTAN.

Fort bien, mais on nous ſuit, paſſons dans ce boc-
cage.

SCENE III.

LA FLEVR, DORISE, MONTAN.

DORISE *en habit de Berger.*

N'Aprochons pas, ie voy des Satires paſſer.
MONTAN.
Ils entrent dans le bois, vous pouuez auancer ;
Et quād ſous cét habit ils vous verroient paroiſtre,
Il ſeroit mal aiſé qu'ils vous puſſent cognoiſtre :
Moy qui vous éleuay jadis ſi cherement,
Ie vous ay mécognuë en ce déguiſement.
Nous ſommes ſeuls, enfin contentez mon enuie,
Aprenez-moy quel Dieu vous a ſauué la vie,
Et me faites ſçauoir pour quel ſujet auſſi
Vous cachez voſtre ſexe en arriuant icy.
DORISE.
En faueur de vos ſoins pris pour moy dés l'enfance
Ces ſecrets pour vous ſeul ſeront en éuidence ;
Ce n'eſt pas ſans ſuiet qu'on croit dans ce Hameau
Que les flots ſoûleuez m'ont ſeruy de tombeau :
Vous ſçauez que ma mere au gré de noſtre flame
Me promit autrefois à Filene pour femme,
Et m'emmena deuant qu'il me donnaſt la foy,
Pour accomplir vn vœu fait à Delos pour moy.
MONTAN.
Ouy, ie ne ſçay que trop qu'en ce fatal voyage
Noſtre vaiſſeau perit par vn ſubit orage :
Ses debris ſur nos bords par les vents apportez
Nous aprirent trop toſt ces triſtes veritez.

DORISE.

On mit l'Esquif en mer au point de nostre perte,
Ie pris heureusement l'occasion offerte,
I'y passay sans ma mere, & le vent furieux
Fit briser le vaisseau tost aprés à nos yeux,
Et l'orage cessant vn vent plus fauorable
Dans l'Isle de Delos nous poussa sur le sable.
Là pour ne laisser pas mon honneur en danger,
Ie changeay mon habit à celuy d'vn Berger,
Et quelques mois aprés vn vaisseau de Sicile,
Sur qui ie m'embarquay, me porta dans cette Isle,
Où j'ay sçeu que l'ingrat qui me sçeut embraser,
Ayme ma sœur Clomire & pretend l'épouser,
Auant qu'on recognoisse en ce lieu mon visage
Ie veux entretenir en secret ce Volage.
Vous m'auez dit que seul il vient souuent icy,
I'y viens pour luy parler.

MONTAN.

Ie croy que le voicy.

DORISE.

C'est luy-mesme en effet.

MONTAN.

Mais vostre teint se trouble?

DORISE.

Helas ! à son abord ma foiblesse redouble.

MONTAN.

Comment, vous le fuyez ?

DORISE.

Quoy ? ne voyez-vous pas
Dafnis qui d'assez prés marche dessus ses pas?

MONTAN.

Ie le voy, cachez-vous.

DORISE.

C'est ce que ie desire.

MONTAN.

MONTAN.

I'attendray qu'il foit feul pour aller vous le dire.

SCENE IV.

LA FLEVR, FILENE, DAFNIS.

FILENE.

QV'il eſt doux de ſe voir du tumulte éloigné !
Quicóque a de l'amour eſt bien accópagné:
Auançons vers ce bois, le ſilence à toute heure
Y fait auec le frais ſa demeure.

DAFNIS *faiſant l'Echo derriere le Theatre.*

Demeure.

FILENE.

Ces Rochers ſont atteints de mon mal inoüy,
Pourſuis, pourſuis, Echo, m'as-tu bien oüy?

DAFNIS.

Ouy.

FILENE.

Clomire me témoigne vne froideur extréme,
Que faut-il que ie faſſe afin qu'elle m'aime ?

DAFNIS.   Aime,

FILENE.

Mais quoy, ſi mon amour attire ſon meſpris,
Que faire ſi l'ingrate eſt ſourde à mes cris?

DAFNIS.

Ris.

FILENE.

Rire au point de mourir ! ta reſponce eſt eſtrange,
Comment punir cette ame encline au change?

C

DAFNIS.

Change.

FILENE.

Si ie pouuois changer ton conseil seroit bon,
De son espoux enfin auray-je le nom?

DAFNIS.

Non.

FILENE.

Non ! ah, cette responce est tout à fait cruelle.
Crois-tu que sa froideur soit immortelle?

DAFNIS.

Telle.

FILENE.

Telle ! mais quel Berger peut pretendre à sa foy,
Qui soit de l'obtenir plus digne que moy?

DAFNIS se découvrant.

Moy.

FILENE.

Toy ? quoy, c'est mon Riual qui vient de me res-
pondre ?

DAFNIS.

Ouy, c'est moy qui par tout aspire à te confondre,
Clomire est au dessus des merites d'vn Roy;
Mais ie suis d'elle au moins bié plus digne que toy.

FILENE.

Ne nous emportons point; si j'en croy l'apparence,
Elle met entre nous assez de difference,
Ie luy plais.

DAFNIS.

Ton orgueil se l'est imaginé.

FILENE.

Ce different peut estre aisément terminé.
Recitons ses faueurs, & puis sans plus attendre
Le moins fauorisé cessera d'y pretendre.

DAFNIS.

Commence, ie t'entends.

FILENE.

Quand prés de ce Hameau
Quelqu'vn de mes moutons se mesle à son trou-
peau,
La Bergere le flate, & puis me le demande.

DAFNIS.

Vne faueur semblable à mon sens n'est pas grande,
Ie veux fort volontiers te ceder en ce point,
On peut aimer le bien d'vn que l'on n'aime point.

FILENE.

Si-tost qu'elle me voit, par vn heureux presage
Vne couleur de feu paroist sur son visage :
La blancheur de son teint qui feroit honte au lis,
Se change en la rougeur des œillets frais cueillis.

DAFNIS.

Ce changement fait voir que ton attente est vaine,
Vn visage enflamé ne témoigne que haine.

FILENE.

Si durant son repas ie viens sans y songer,
La belle à mon abord perd le soin de manger.

DAFNIS.

De mesme la Brebis qui voit le Loup paroistre,
A son funeste abord quitte le soin de paistre.

FILENE.

Lors que ie la rencôtre au bord d'vn clair ruisseau,
La Bergere se joüe à me jetter de l'eau,
Ces priuautez fôt voir que j'ay l'heur de luy plaire,
Tu le dois auoüer.

DAFNIS.

Ie souftiens le contraire,
Tu ne dois présager rien de bon de ce jeu :
Elle jette cette eau pour esteindre ton feu,

C ij

Et pour tâcher de mettre, en imitant Diane,
Le timbre d'Acteon deſſus ton front profane.

F I L E N E.

Ton eſprit mal tourné conçoit tout à rebours ;
Mais tu n'es pas du moins ſi bien dans tes amours.
Dy-moy quelle faueur t'a fait cette Bergere.

D A F N I S.

Vn cauſeur comme toy diroit ce qu'il faut taire,
Ie cacheray bien mieux nos amoureux ſecrets :
Les vrais amants ſur tout doiuent eſtre diſcrets.

F I L E N E.

Quoy, tu ne diras rien ?

D A F N I S.

Ie ne dois rien t'apprendre.

F I L E N E.

Mais tu me l'as promis ?

D A F N I S.

I'ay promis de t'entendre.

F I L E N E.

Quoy, j'aurois cet affront ?

D A F N I S.

Sans s'emporter ſi fort
Reſeruons à Clomire à nous mettre d'accord :
Conſultons ſur ſon choix cette Beauté ſi chere,
Et cedons à celuy qu'à l'autre elle préfere.

F I L E N E.

Suiuras-tu ſon arreſt ?

D A F N I S.

Ouy, fuſt-il contre moy.

F I L E N E.

Tu dois t'en aſſeurer : auançons, ie la voy.

SCENE V.

LA FLEVR, DAFNIS, FILENE, CLOMIRE.

DAFNIS.

OV courez-vous, Beauté qui caufez nos marti-
res ?
Craignez-vous quelque chofe?

CLOMIRE.

Ouy, ie crains deux Satires,
Ils m'ont long-temps fuiuie, & c'eft ce que ie fuis.

FILENE.

Vous n'auez rien à craindre aux endroits où ie fuis.
Iugez d'vn different dont à fort jufte tiltre
Tous deux conjointement nous vous rendons ar-
bitre;
De vos diuins appas l'vn & l'autre eft charmé,
Iugez qui de nous deux merite d'eftre aimé.

CLOMIRE.

Ce que vous demâdez me met beaucoup en peine,
Ie n'ay pour nul de vous ny paffion, ny haine :
Dites-moy vos raifons, & tout confideré,
Ie verray qui de vous doit eftre preferé.

FILENE.

Mon bon-heur...

DAFNIS.

Mon efpoir...

FILENE.

Eft certain...

DAFNIS.

Diminuë...

C iij

CLOMIRE à *Dafnis*.

Filene a commencé, souffrez qu'il continuë.

FILENE.

Mon bõ-heur est certain puis que vous m'écoutez.
Comme vos yeux, vostre ame a beaucoup de clar-
    tez,
Ie vay, puis que vostre ordre icy m'en sollicite,
Pour gagner vostre choix, parler de mon merite,
Et pour mille raisons ie suis fort asseuré
Qu'à ce foible Riual ie seray preferé.

DAFNIS.

Mon espoir diminuë, & tout me desespere,
S'il faut par le merite aspirer à vous plaire:
Rien n'est digne de vous; & pour plaire en ce iour
Ie n'ay point de raisons, ie n'ay que de l'amour.

FILENE.

Iugez combien sur moy vostre puissance est forte,
De m'auoir fait aimer aprés Dorise morte.
I'auois juré cent fois de n'estre plus amant,
Mais vos beaux yeux m'ont fait violer mon sermẽt.

DAFNIS.

Ie n'ay iamais brûlé que de la seule flame
Que vos regards charmans ont portée en mon
    ame:
Qui peut aimer deux fois fait douter de sa foy,
Mon amour doit durer & finir auec moy;
Et comme vostre Sœur si vous faisiez naufrage,
Ma mort m'empescheroit d'estre iamais volage.

FILENE.

La bien-seance encor vous porte à me choisir,
Vos plus proches parens approuuent mon desir.

DAFNIS.

Si j'obtiens vostre choix par vn bon-heur extrême,
Ie ne veux de ce biẽ rien deuoir qu'à vous mesme,

FILENE.

Vous aurez de la gloire à m'auoir pour espoux,
La Race dont ie sors est celebre entre nous.

DAFNIS.

La Race dont ie sors n'a iamais eu de lustre;
Mais si vous y passez, vous la rendrez illustre.
La gloire qu'il promet doit peu vous émouuoir,
C'est à vous d'en donner & non d'en receuoir.

FILENE.

Ie n'ay point de defauts dignes de vostre haine,
Ie me vis l'autre iour encor dans la fontaine :
I'eus lieu sans vanité d'estre assez satisfait,
Et ne m'y trouuay point trop laid, ny trop mal fait.

DAFNIS.

Ma laideur à mes vœux n'est pas ce qui s'oppose,
Si ie suis sans beauté, vous en estes la cause.
Nous sommes d'vn mesme âge, & ie croy iustemét
Que nous fusmes formez dans le mesme moment.
La Nature voulant faire vn chef-d'œuure rare
De ses plus riches dons ne vous fut point auare,
Et l'ingrate de moy ne se souuint qu'alors
Qu'elle eut pour vostre gloire épuisé ses tresors.
Pour vous estre propice elle me fut cruelle,
Et ie serois mieux fait si vous estiez moins belle.

FILENE.

Il en feroit bien croire à des esprits mal-faits,
Il n'a que des discours, & moy j'ay des effets :
Si vous aimez le bien, le Sort m'a fait la grace
Qu'en richesse en ces lieux aucun ne me surpasse :
I'ay des maisons au bourg, j'ay des troupeaux aux
       champs,
Ie fais fendre la terre à vingt coutres tranchants :
I'ay tât de biens qu'enfin le compte en importune,
Soyez-moy fauorable ainsi que la Fortune.

DAFNIS.

La Fortune iamais ne fait rien iuftement,
Sa haine ou fa faueur eft fans difcernement:
Voftre fens eft trop bon, pour auoir la penfée
De fuiure en voftre choix celuy d'vne infenfée.
Elle hait les vertus, & vous en faites cas,
Enfin elle eft aueugle, & vous ne l'eftes pas.

FILENE.

Si voftre choix me donne icy la préference,
Vous verrez des effets de ma reconnoiffance:
Ie vous promets vn Daim par mes foins éleué,
Que j'ay pour vous offrir jufqu'icy conferué.

DAFNIS.

D'aucune offre pour moy ie ne fais mon refuge,
C'eft à qui fe fent foible à corrompre fon Iuge:
Ie ne vous promets rien jugeant en ma faueur,
Ie n'ay rien à donner, ayant donné mon cœur.

CLOMIRE.

Il faut que s'il fe peut tous deux ie vous contente.
Vous, Filene, pour prix de voftre amour con-
    ftante,
De mon chapeau de fleurs couronnez voftre front.

FILENE.

O faueur trop charmante !

DAFNIS *à part*.

       O trop fenfible affront !

CLOMIRE.

Vous, faites-moy, Daphnis, don de voftre guir-
    lande,
Ie pretends la porter.

DAFNIS.

    Ciel, que ma gloire eft grande!

CLOMIRE.

Adieu.

DAFNIS.

Ie vous ſuis.

CLOMIRE.

Non, ie crains peu de dangers,
A cette heure par tout on trouue des Bergers.

SCENE VI.

LA FLEVR, DAFNIS, FILENE.

FILENE.

S'Cais-tu bien maintenãt qui plaiſt à la Bergere?

DAFNIS.

Ie le dois bien ſçauoir, ſa réponſe eſt fort claire.

FILENE.

Puiſque de ſon vouloir chacun eſt éclaircy,
Suiuons donc noſtre accord.

DAFNIS.

Ie l'entends bien ainſi.

FILENE.

Laiſſe-moy l'aimer ſeul, comme elle le deſire.

DAFNIS.

Croy-moy, ne raille point, tu n'as pas lieu de rire,
Change, & cherche autrepart des traitemens meil-

FILENE.   (leurs.

Comment ? c'eſt toy qui dois chercher fortune
ailleurs.

DAFNIS.

C'eſt moy ſeul que Clomire a témoigné qu'elle

FILENE.   (aime.

Ne fais point l'ignorant.

DAFNIS.

Ne le fais point toy-meſme.

FILENE.

Suiuant le sens commun, qui m'offre de son bien
Doit m'aimer beaucoup plus que s'il m'ostoit du
   mien.

DAFNIS.

Sur celuy qui reçoit, qui donne a l'auantage;
Qui donne ne doit rien, & qui reçoit s'engage.

FILENE.

Quand le Dieu Pan nous aime, on connoit pourtant bien
Qu'il nous fait des faueurs & ne nous oste rien.

DAFNIS.

Quand le Dieu Pan nous aime, il reçoit nostre
   offrande
Du mesme air dôt Clomire a receu ma Guirlande.

FILENE.

L'auantage sur toy clairement m'est donné,
Comme Vainqueur enfin suis-je pas couronné?

DAFNIS.

C'est à tort sur ce point que ton orgueil me braue,
I'ay les marques de Maistre, & toy celles d'esclaue.
Nos Guirlandes de fleurs ne sont que des liens,
Les miens serrent Clomire, & tu portes les siens.

FILENE.

Ta Guirlande estoit verte, & selon l'apparence
Elle veut, te l'ostant, te priuer d'esperance.

DAFNIS.

Par là de mon bon-heur elle veut m'asseurer,
Ayant gagné son cœur, que pourrois-je esperer?
Le succez fait cesser l'espoir qui le precede,
Et l'on n'espere plus vn bien que l'on possede;
Mais adieu, si tu vois Clomire vne autrefois,
Tu pourras à ta honte apprendre mieux son choix.

SCENE VII.
LA FLEVR, FILENE.

FILENE.

NOus nous trompons tous deux, vn faux bien
    nous amuse,
Loin de nous éclaircir Clomire nous abuse,
Et ne se trouuant pas d'vn merite commun,
Pour garder deux amants veut n'en choisir pas vn.
Dorise dont mon cœur reuere encor les cendres,
Auoit des sentimens plus iustes & plus tendres,
Ie la deuois aimer mesme apres son trépas,
Ou plûtost ie deuois ne la suruiure pas.
Mais quoy ie croy sentir le sommeil qui me presse,
Son charme auec mes sens assoupit ma tristesse:
O Ciel, n'auray-je point d'autre bien dans mõ sort,
Que celuy qui me vient du frere de la Mort?
           Il s'endort.

SCENE VIII.
LA FLEVR, SELVAGE, FORESTAN,
MONTAN, DORISE, FILENE.

SELVAGE.

IE voy nostre Riual qui dort sous ces feüillages,
Donnons dessus.
      FORESTAN. *Il luy tient les mains.*
    Tout-beau, prenons nos auantages,

Et pour à son réueil rendre ses efforts vains,
Occupons-nous d'abord à luy lier les mains.

SELVAGE.

Fort bien.

MONTAN.

Filene est seul, approchez sans rien craindre,
Ie vay me retirer pour ne vous pas contraindre.

DORISE. *Il se retire.*

Courons à la vangeance; il faut à cet instant
Porter le coup mortel à ce cœur inconstant,
Auançons, mais que voy-je ? on attente à sa vie !
Lâches, retirez-vous, ou craignez ma furie.

FILENE.

Ciel, où suis-je, & qu'entends-je !

SELVAGE.

Euitons son couroux,
Nous ne pouuons icy rien gagner que des coups.

DORISE.

Ils sont bien loin, soufrez que ma main vous delie,
Berger, vous estes libre.

FILENE.

Ouy, ie vous dois la vie,
Et ie borne à present mes souhaits les plus doux
A trouuer les moyens de la perdre pour vous.

DORISE.

Traistre, il en faut trouuer les moyens tout à Pheu-
Deffens-toy si tu peux.   (re,

FILENE.

Non, il faut que ie meure;
Si vous voulez ma vie, il faut vous contenter,
La main dont ie la tiens a droit de me l'oster.

DORISE.

Ie veux te l'arracher plûtost que te la prendre;
Et tu m'obligeras si tu l'oses deffendre.

                                        FILENE.

FILENE.

Non, ie m'offre à vos coups ; mais quel prodige, ô
    Cieux !
Voy-je pas de Dorise & les traits & les yeux ?

DORISE.

I'en ay les mesmes traits ; mais non pas la mesme
    ame,
C'est au lieu de l'amour le dépit qui m'enflame;
Ie suis Dorise enfin, mais Dorise en fureur,
Qui veut non te gagner, mais t'arracher le cœur.

FILENE.

Hé bien, contentez-vous, ma perte est legitime,
Mon repentir est grand, mais bien moins que
    mon crime,
Mon cœur perdant l'espoir d'oser viure pour vous,
Met son bon-heur dernier à mourir de vos coups.
Frapez donc.

DORISE.

      C'est en vain que le dépit m'en presse,
Ie n'en ay pas la force, ingrat, ie le confesse.

FILENE.

Ie ne dois pas mourir d'vne si belle main,
Mon bras doit me punir.

DORISE.

         Non, arreste, inhumain.
Ie hay Filene ingrat ; mais malgré ma colere,
Filene repentant ne me sçauroit déplaire.

FILENE.

C'est traiter vn perfide auec trop de douceur,
Mais qui fait à la haste auancer vostre Sœur ?

D

SCENE IX.

LA FLEVR, FILENE, DORISE, CLOMIRE, DAFNIS.

CLOMIRE.

A T'on iamais parlé d'vne telle insolence ?
Deux Satires affreux auecque violence
Icy-prés à l'instant auroient sçeu m'enleuer
Sans Dafnis que les Dieux ont fait lors arriuer.

DAFNIS.

Bergere, asseurez-vous, ces lâches sont en fuite,

CLOMIRE.

A quel malheur sans vous aurois-je esté reduite !
Ma vie & mon honneur ne sont deubs qu'à vos
soins,
Et me donnant à vous, ie ne vous dois pas moins.

DAFNIS.

Vous ne me deuez rien, Bergere incomparable.
A qui fait son deuoir on n'est point redeuable,
Et ie reçoy de vous cet excez de bonté
Comme on reçoit vn bien qu'on n'a pas merité;
Mais de dépit Filene en va perdre la vie.

FILENE.

Ie ne sçay qui de nous est plus digne d'enuie.
Cet adorable Objet qui me promet sa foy,
Me rend autant heureux & plus content que toy.

CLOMIRE.

Mais comment d'vn Berger vostre ame est-elle es-

DORISE.   (prise?

Sous l'habit de Berger reconnoissez Dorise.

CLOMIRE.

Ma sœur Dorife, ô Ciel ! quel miracle nouueau
A pû deffendre aux flots d'eftre voftre tombeau?

DAFNIS.

En ces lieux à prefent le Soleil importune,
Allons dans le logis aprendre fa fortune,
Et nous preparer tous pour le bien-heureux iour
Où l'himen doit enfin couronner noftre amour.

Fin de la Paftorale & du fecond Acte.

Noms des Acteurs du troifiéme Acte.

ISABELLE,   Fille de Panfile.

MARINE,   Seruante d'Ifabelle.

PANFILE,   Pere d'Ifabelle.

TERSANDRE,   Amant d'Ifabelle, déguifé
                en Cuiftre.

RAGOTIN,   Domeftique de Terfandre,
                auffi déguifé en Cuiftre.

LE DOCTEVR,   Amoureux d'Ifabelle.

La Scene eft à Tolede.

D ij

ACTE III.

LE DOCTEVR
DE VERRE.
COMEDIE.

SCENE PREMIERE.
ISABELLE, MARINE.

ISABELLE.

MA lettre est acheuée, & c'est à toy de
    prendre
Le soin de la donner en main propre à
    Tersandre,
Tu sçais que cet Escrit s'inuite à s'opposer
Aux desseins du Docteur qui me doit épouser:
Si mon pere en sortant venoit à te surprendre,
Souuiens-toy du secret que ie viens de t'aprendre.

MARINE.

Il suffit, j'ay sçeu l'art dés mes plus ieunes ans
D'en donner à garder aux vieillards deffians.

ISABELLE.

Escoute encor deux mots, songe bien à luy dire
Que hier il eut grand tort de manquer de m'é-
    crire,
Que de mõ triste himen l'empressement s'accroît,
Et qu'en son peu de soin son peu d'amour paroist.

MARINE.

Rentrez, il ne faut pas m'en dire dauantage.

ISABELLE.

Sur tout sonde-le bien touchant mon mariage.

Isabelle rentre.

MARINE.

Allez, pour reüssir dans ces commissions
Ie n'ay pas grand besoin de vos instructions.
Sortons viste ; ah, j'entends nostre vieillard qui
    crache,
Ie porte ce billet, & crains qu'il ne le sçache,
S'il l'attrape en mon sein, il sera bien subtil.

SCENE II.

PANFILE, MARINE,

PANFILE.

Marine, écoute vn mot.

MARINE.

Monsieur, que vous plaist-il?

PANFILE.

Tu sçais fort bien qu'en toy j'ay confiance entiere,
Dy-moy, que fait ma fille?

MARINE.

Elle fait sa priere.

PANFILE.　　　　　(mieux,

Vrayment j'en ſuis fort aiſe, on ne peut faire
Si-toſt qu'on voit le iour, d'en rendre grace aux
Ie m'en vais aſſiſter au temple au ſacrifice, (Dieux:
Pour ne pas l'interrompre en ce ſaint exercice.

MARINE.

C'eſt bien fait.

PANFILE.

Mais, Marine, auant que de ſortir,
De ſes deſirs ſecrets voudrois-tu m'aduertir?
Tu ſçais que pour Mary ie luy deſtine vn homme
Qui n'eut iamais d'égal dás Athene & dans Rome:
Vn ſçauant, mais ſçauant qui ne reſſemble pas
Ceux qui ſót d'ordinaire auſſi gueux que des Rats;
Et qui ſçait pour charmer l'ame la plus farouche,
Parler d'or de la main, ainſi que de la bouche.
D'où prouient que ma fille en cette occaſion
Témoigne pour l'himen ſi grande auerſion;
Et n'auroit-elle point par vne ardeur fatale
De meſme que ſa ſœur fait vœu d'eſtre Veſtale?

MARINE.

Pour moy, ie ne croy pas, à dire verité,
Qu'elle ait juſques icy fait vœu de chaſteté;
Et cette auerſion où voſtre choix l'engage
Eſt plus pour le mary que pour le mariage.
L'eſpoux qu'on luy deſtine eſt vn barbon hideux,
Plus propre à reſſentir des glaçons que des feux:
Cet objet ne doit pas toucher vne ieune ame.
Lors qu'on fait demander vne fille pour femme,
Vne telle demande a touſiours des appas;
Mais c'eſt le demandeur qui ſouuent ne plaiſt pas:
Si vous ne l'euſſiez point refuſée à Terſandre,
Sans peine au mariage on l'euſt fait condeſcen-
dre,

PANFILE.

Le Docteur est plus riche.

MARINE.

   Ouy, mais c'est son vieux corps
Qu'elle doit épouser & non pas ses tresors.

PANFILE.

Mais pour ce jeune Amant, ce conteur de fleuretes,
N'a-t'elle point aussi des passions secretes ?

MARINE.

Vous luy faites grand tort d'auoir de tels soupçons,
Vostre fille est fort sage, elle suit mes leçons.

PANFILE.

Ie t'estime fidelle, il faut que ie te croye;
Mais quel est ce papier?

    Il voit la lettre.

MARINE.

   Ce n'est rien.

PANFILE.

     Que ie voye.

MARINE.

A d'autres; ie connois quel est vostre dessein,
Vous voulez m'aprocher pour me toucher le sein,
Qui ne vous connoistroit?

PANFILE.

    C'est...

MARINE.

     Vous auez beau dire,
Vous n'y toucherez point.

PANFILE.

   Mais...

MARINE.

    Mais vous voulez rire?

PANFILE.

Ce papier que j'ay veu doit estre vn billet doux.

MARINE.

C'eſt de mon ſeruiteur ; en eſtes-vous jaloux ?

PANFILE.

Va, tu n'es qu'vne folle, adieu, ie vais au Temple.

Bas.

Son procedé me donne vn ſoupçon ſans exemple,
Sortons pour la ſurprendre.

MARINE.

            Il s'en va fort content ;
Mais ſerrons autrepart ce billet important.

PANFILE.

Retournons doucement, j'eſpere de la ſorte
Arracher de ſes mains le papier qu'elle porte.

MARINE.

La lettre eſt chifonnée, il faut la plier mieux,
Ma foy, le vieux penard n'eſt point malicieux.

PANFILE *luy oſtant le Billet.*

Voyons ton innocence, ou bien ton artifice.

MARINE.

Quoy, vous ouurez ma lettre ?

PANFILE.

            Ouy, mais c'eſt ſans malice,
Cet eſcrit tel qu'il eſt ſans adreſſe & ſans ſeing,
De ma fille pourtant me découure la main.
Parle, à qui portes-tu cette lettre fatale
De la part d'Iſabelle ?

MARINE.

            A ſa ſœur la Veſtale.

PANFILE.

C'eſt plutoſt à Terſandre.

MARINE.

            Ah, ne le croyez point.

PANFILE.

La lecture pourra m'éclaircir ſur ce point.

Il lit.

Le peu de soin que tu prens de m'escrire ne m'em-
pesche pas d'estre encore sensible à l'amour, des vertus
l'obeïssance est celle qui sur toutes me plaist la moins,
heureuse entre les filles est celle qui n'a point de pa-
rens qui ayment le bien : on me presse d'espouser vn
vieux Docteur en vain ; i'ay promis de n'y consentir
iamais ; sans plus songer, à ma promesse il faut que
ie satisface ; mon Pere tâche par des remonstrances de
me faire accepter ce vieil amant que ie ne hay point
sans raison, ceux qui m'aiment se feront connoistre
s'ils s'opposent à ce mariage.

Hé bien, oseras-tu maintenant, déloyale,
Dire que cét escrit soit pour vne Vestale ?
Ma fille par tes mains l'enuoye à son amant.

MARINE.

Vous luy faites grand tort, Monsieur, asseurément,
Vous ne lisez pas bien, & j'y mettrois ma vie.

PANFILE.

O Ciel ! vit-on iamais plus grande effronterie !

MARINE.

Pour qui me prenez vous ? de grace, parlez mieux,
Monsieur, j'ay de l'honneur.

PANFILE.

Et moy, j'ay de bons yeux.

MARINE.

N'en déplaise pourtant à vos grandes Lunettes,
Ie croy que vous auez les visieres mal nettes,
Regardez de plus prés, le sens pourra changer.

PANFILE.

La traîtresse a dessein de me faire enrager.

MARINE.

Vous nous faites, Monsieur, vne injustice extrême,
Ie connois ma Maistresse.

PANFILE.

Hé bien, ly donc toy-mefine.

MARINE.

Si ie ne vous fais voir que ces mots feulement
S'adreffent à fa fœur, & non à fon amant,
Et que c'eft fans raifon que vous m'auez criée,
Que puiffay-ie mourir fans eftre mariée.
Vous me pouuez bien croire aprés vn tel ferment.

PANFILE.

I'en doute, hafte-toy de lire promptement.

MARINE lit.

Le peu de foin que tu prends de m'efcrire ne m'em-
pefche pas d'eftre encore fenfible à l'amour des vertus,
l'obeïffance eft celle qui fur toutes me plaift, la moins
heureufe entre les filles eft celle qui n'a point de pa-
rens qui ayment le bien, on me preffe d'efpoufer vn
vieux Docteur, en vain i'ay promis de n'y confentir
iamais, fans plus fonger à ma promeffe, il faut que
ie fatisfaffe mon Pere, tâche par des remonftrances de
me faire accepter ce vieil amant que ie ne hay point,
fans raifon ceux qui m'aiment fe feront connoiftre
s'ils s'oppofent à ce mariage.

PANFILE.   (faire,

Dieux, fans changer vn mot, comment fe peut-il
Que ce fens fe rencontre au premier fi contraire?

MARINE.

Hé bien, n'auiez vous pas l'efprit préoccupé?

PANFILE.

Les points qui font obmis doiuét m'auoir trompé;
Les filles de ce temps eftiment ridicules
Celles dont les Efcrits font remplis de virgules.

MARINE.

Voftre humeur fort fujette aux paniques terreurs,
Eft le deffaut qui feul a caufé vos erreurs;

Ie vous l'auois bien dit, voftre fille eft bien née,
Vous m'auez fait injure & l'auez foupçonnée :
I'en croüe de depit.

PANFILE.

Marine, excufe-moy,
Ie iure de iamais ne douter de ta foy.

MARINE.

Vous auez eu grand tort.

PANFILE.

Ouy, ie te le confeffe.

MARINE.

Rendez-moy mon billet, Monfieur, le temps me
preffe.

PANFILE.

Ie le feray tenir.

MARINE.

Il n'en eft pas befoin.

PANFILE.

Va, quelqu'vn de mes gens t'épargnera ce foin,
Et pour mieux employer ton temps & ton adreffe,
A l'hymen du Docteur difpofe ta Maiftreffe.

MARINE.

Mais la prefferez-vous ?

PANFILE.

Ouy, dy luy de ma part
Qu'il le faut époufer dés demain au plus tard.

MARINE.

Ie crains fort d'aborder ma Maiftreffe Ifabelle,
Ie feray mal receuë auec cette nouuelle.

SCENE III.

ISABELLE, MARINE.

ISABELLE.

SI mon Pere est leué, donnons-luy le bon-iour,
Sortons; mais quoy, Marine est desia de retour?

MARINE.

Loin d'estre de retour, ie ne suis pas sortie,
Nostre vieux radoteux a rompu la partie.

ISABELLE.

Qu'as-tu fait du billet?

MARINE.

        Par force il me l'a pris;
Mais graces au secret que vous m'auez apris,
I'en ay changé le sens quand il me l'a fait lire.

ISABELLE.

Ce succez me rauit.

MARINE.

        Il n'est pas temps de rire.
Pour l'hymen du Docteur soyez preste à demain,
C'est l'ordre du vieillard.

ISABELLE.

        C'est vn ordre inhumain:
Encor si ie pouuois en auertir Tersandre.

MARINE.   (dre?

Et quand il le sçauroit, qu'en pourriez-vous atten-
Par le soin d'vn Amant on juge de son feu,
Et puis qu'il vous neglige, il doit vous aimer peu.

ISABELLE.

Marine, à dire vray, j'ay sujet d'estre en doute.

MARINE.

MARINE.

Parlös bas, certain Cuiſtre aproche & nous écoute.

SCENE IV.

TERSANDRE, ISABELLE, MARINE.

ISABELLE.

Qve cherchez-vous.

TERSANDRE en habit de Cuiſtre.

Beauté qui pouuez tout toucher,
Ayant l'heur de vous voir ie n'ay rien à chercher.
Le Docteur qui pour vous ſent des peines mor-
  telles
M'enuoye auecque ſoin ſçauoir de vos nouuelles,
Et vous ſouhaite vn iour plus heureux & plus doux
Que celuy que l'amour luy prepare pour vous.

MARINE.

Pour vn Cuiſtre à mon gré ce n'eſt pas mal l'entendre.

ISABELLE.

Ou mes yeux ſont deceus, ou ie croy voir Terſandre.

TERSANDRE.

Vos beaux yeux ſont touſiours des témoins aſſeu-
  rez,
Et pour eſtre deceus ils ſont trop éclairez.

ISABELLE.   (feindre,

Vous deuiez m'aduertir, Terſandre, & ſans rien
De voſtre peu de ſoin j'ay ſujet de me plaindre,
Ie vous ay ſoupçonné de quelque changement.

E

TERSANDRE.

Si j'ay changé pour vous, c'eſt d'habit ſeulement,
Et l'Amour n'eut iamais, ô Beauté qui m'enflame,
Cauſé ce changement s'il euſt changé mon ame;
Sçachant que le Docteur qui brûle de vos feux,
A ſes anciens valets en vouloit joindre deux,
Auec vn de mes gens par d'heureuſes pratiques
I'ay ſçeu rencontrer place entre ſes Domeſtiques.

ISABELLE.

Vn tel ſuccez plutoſt me deuoit eſtre apris.

TERSANDRE.

I'ay craint qu'en eſcriuant l'auis ne fut ſurpris.
Le Docteur m'a d'abord mis dans ſa confidence,
Et le trouuant d'humeur propre à la deffiance,
I'ay troublé ſon eſprit par vn puiſſant ſoupçon;
Mais voicy voſtre Pere, il faut changer de ton.

SCENE V.

PANFILE, RAGOTIN, ISABELLE, TERSANDRE, MARINE.

PANFILE.

PLeurez, pleurez, ma fille; en reuenant du Tem-
ple,
On m'a dit vn malheur qui n'eut iamais d'exemple.
Le Docteur perd pour vous l'honneur de ſes vieux
Il a pris tant d'amour qu'il a perdu le ſens: (ans,
Il eſt en freneſie, & dans cette diſgrace   (ſe;
Souſtiét qu'il eſt de verre,& craint qu'on ne le caſ-

Mais quel eſt ce valet qui ne m'eſt pas connu?
ISABELLE.
De la part du Docteur il eſt icy venu.
TERSANDRE.
Sic, ie ſuis moniteur du Morbe qui l'attaque,
Voſtre Gener futur eſt hypocondriaque,
Son Eſprit qu'Olimpique on pouuoit nominer,
N'a plus la faculté de ratiociner.
MARINE.
Quel Diantre de jargon !
PANFILE.
      Sotte, te veux-tu taire ?
C'eſt ainſi qu'au College on parle d'ordinaire ;
Ie plains fort voſtre Maiſtre, & l'iray viſiter.
TERSANDRE.
Plutoſt dans voſtre Dome il le faut expecter,
Auant que de Phebus le Globe viuifique
Soit preſt de perficer ſon cours hemiſpherique,
Malgré de ſon Eſprit la perturbation
On fera de ſon corps icy tranſlation.
PANFILE *regardant Ragotin.*
Mais quel eſt ce garçon ?
TERSANDRE.
     C'eſt mon Collegue intime,
Dedans le famulat du Docteur clariſſime.
PANFILE.
Hé bien, le Docteur ?
RAGOTIN.
Vient.
PANFILE.
      Extrauague-t'il ?
RAGOTIN.   Fort.
PANFILE.
Mais quel eſt ſon mal ?

RAGOTIN.

Grand.

PANFILE.

Qu'en doit-on craindre ?

RAGOTIN.

Mort.

PANFILE.

Quel difcours !

TERSANDRE.

La Formule en eft fort ancienne,
Iadis on la vocoit Lacedemonienne.

MARINE *à part.*

De tous deux le bon-homme eft dupé côme il faut.

PANFILE.

Où ton Maiftre eft-il?

RAGOTIN.

Prés.

PANFILE.

Quand le verrons-nous?

RAGOTIN.

Toft

PANFILE.

Qu'entends-ie monter ?

RAGOTIN.

Luy.

MARINE.

Ie penfe qu'il fe raille,
Il vient dans vn Panier enuelopé de paille.

SCENE VI.

LE DOCTEVR, PANFILE, ISABELLE, MARINE, TERSANDRE, RAGOTIN, deux valets.

LE DOCTEVR, *dans vn habit de paille.*

Vture Espouse, & vous, Beau-pere proposé,
Sçachez que tout mon corps est metamorpho-
Que ie suis à present de l'vltime matiere,   (sé,
Où se peut transmuër chaque corps sublunaire,
Et qu'Amour dont tousiours ie me suis défié,
M'a mis à si grand feu qu'il ma vetrifié.

PANFILE.   (dites,
Vous n'estes point de verre, en vain vous nous le
Il n'en est rien.

LE DOCTEVR.
Vos yeux sont donc heteroclites.

PANFILE.
Mais vous parlez encor ?

LE DOCTEVR.
Mes accents sont formez
Par des esprits mouuants dans ce verre enfermez,
Mon corps est resonnant ; mais comme il est fort
fresle,
Mes esprits s'enfuiront pour peu que l'on me fes'

PANFILE.
Pour vous tirer d'erreur ie veux vous embrasser.

LE DOCTEVR.
Ah, gardez-vous en bien, ce seroit me casser.

E iij

PANFILE.

Souffrez qu'on vous détrompe.

LE DOCTEVR.

Il n'eft pas neceffaire,
De ma fragilité duriffime aduerfaire.

PANFILE *en l'embraſſant.*

Voyez....

LE DOCTEVR.

Ah, par le flanc il vient de me fefler,
L'humide radical par là va s'écouler.

PANFILE.

Mais vous n'eftes pas bien.

LE DOCTEVR.

Ie fuis le mieux du monde.

PANFILE.

Sortez.

LE DOCTEVR.

Ah, que plutoft Iupiter vous confonde.

PANFILE.

Laiffez-moy faire.

LE DOCTEVR.

Hé quoy, Barbon pernicieux,
Si j'eftois en morceaux en feriez-vous bien
mieux ?

PANFILE.

Mais, Monfieur le Docteur...

LE DOCTEVR.

Mais, Monfieur mon Beau-pere,
N'aprochez point de moy, vous ne fçauriez mieux
faire,
Ie fuis defia feflé, que voulez-vous de plus ?

PANFILE. *Il luy ofte ſon habit de paille.*

Ie veux guerir l'erreur dont vos fens font deceus.

LE DOCTEVR.

Pefte, comme il me ferre ! ah, le traiftre me brife.
Bourreau Gendrifracteur aprens que j'agonife.

Il s'évanoüit.

TERSANDRE *au Docteur.*

Dominé, Dominé, procraftinez vos ans.

PANFILE.

Qu'on apporte de l'eau pour rappeller fes fens,
Son poux qui meut encor fait voir qu'il refte en
   vie,
Et que fa pâmoifon fera bien-toft finie.
Il reprend fes Efprits de foibleffe accablez,
Ses pas font chancelants & fes regards troublez.

LE DOCTEVR.

Mon efprit fpolié de fon foureau de verre
Se voit donc tranflaté dans l'infernale Terre!
I'ay trajetté defia le Cocite bourbeux,
Et voicy de Pluton le Palais tenebreux.

TERSANDRE.

Il croit eftre appulfé dans le regne des ombres.

LE DOCTEVR.

Bons Dieux ! que cette plage eftale d'objets fom-
   bres !
Ie n'incide par tout que Larues, Diablotins,
Folets, Tenebrions, Farfadets & Lutins.

Il s'adreffe à Ragotin.

Bon, ie cerne defia Tantale enfanticide.
La pefte, comme il bâille, & comme il mafche à
   vuide !
Que j'aime à l'afpicer, voulant gober fouuent
Des fruicts prés de fon nez, ne gober que du vent!
Mafcheur infortuné, qui n'a ny bien ny joye,
Du féjour de Pluton enfeigne-moy la voye:
Quel eft le chemin ?

RAGOTIN.

Long.

LE DOCTEVR.

Que me diras-tu ?

RAGOTIN.

Rien.

LE DOCTEVR.

Me veux-tu du mal ?

RAGOTIN.

Nul.

LE DOCTEVR.

Mais me connois-tu?

RAGOTIN.

Bien.

LE DOCTEVR.

Que m'eſtimes-tu?

RAGOTIN.

Fol.

LE DOCTEVR.

Comment, ame damnée,
Ma ſageſſe par toy ſera contaminée,
Et tu me répondras monoſſilabement ?
Ie te vais bien docer à jazer autrement.

RAGOTIN.

Ah ! Monſieur le Docteur, excuſez ie vous prie,
Contre vn de vos valets n'entrez point en furie:
Ie viuray deſormais reſpectueuſement,
Et répondray touſiours poliſſilabement.

TERSANDRE.

Dominé, n'ayez point vne anime inclemente.

LE DOCTEVR à Terſandre.

Ie ſuiuray vos decrets, inclite Radamante,
Mon ſort dépend de vous, Magiſtrat infernal,
Ie ſaluë en tremblant voſtre noir Tribunal.

PANFILE *au Docteur.*

Faut-il jufqu'à ce point que voftre efprit s'abufe?

LE DOCTEVR.

Ah, Monfeigneur Pluton, ie vous demande excufe,
Mon procedé fans doute a dû vous eftonner,
C'eft deuant vous d'abord qu'il fe faut profterner.

ISABELLE.

Reconnoiffez, Monfieur, l'erreur qui vous do-
mine.

LE DOCTEVR *à Ifabelle.*

Vueillez parler pour moy, Madame Proferpine.

ISABELLE.

Vous me connoiffez mal.

LE DOCTEVR.

Ne croyez pas cela,
Iupiter n'eft-il pas Monfieur voftre Papa?
Vous eftes de la Nuit la Deéffe muante,
Les charmes ont de vous leur force omnipotente,
On vous offre des vœux fous les tiltres diuers
De fille de la Terre & Reine des Enfers,
Et Pluton fafciné de vos traits adorables
Vous emmena jadis par force à tous les diables.

MARINE.

Plûtoft que de l'entendre, il le faudroit chaffer.

LE DOCTEVR *à Marine.*

Quoy? tu viens donc encor icy me trauerfer?
Deéffe de Difcorde au crin ferpentifere,
Boute-feu, Rabat-joye, execrable Megere,
Maudit tifon d'enfer.

MARINE.

Comme il roüille les yeux?
Madame, fauuez-moy de ce fol furieux.

ISABELLE.

Ne vous emportez pas.

LE DOCTEVR.

Soyez-moy donc propice,
Et ie promets d'offrir en suite en sacrifice
Sur vn Autel qu'exprés ie dresseray pour vous,
Vne Vache brehaigne auecque deux Hiboux.

PANFILE.

Combattre son erreur c'est l'aigrir dauantage,
Tâchons en le flatant de le rendre plus sage.

LE DOCTEVR.

Hé bien, apres auoir longuement consulté,
Mes Iuges infernaux, qu'auez-vous decreté?

PANFILE.

Qu'il faut dans vostre corps retourner sur la terre.

LE DOCTEVR.

Dans mon corps! mais faut-il qu'il soit encor de
    verre?

PANFILE.

Non, il n'en sera plus.

LE DOCTEVR.

Oseray-je en partant
Vous consulter encor sur vn point important?

PANFILE.

Ouy, parlez.

LE DOCTEVR.

Vn Vieillard d'humeur cacochimique
Me défere en himen sa Geniture vnique,
Fille qui peut donner des passe-temps bien doux,
Et qui me tente fort.

PANFILE.

Hé bien, mariez-vous.

LE DOCTEVR.

Mais si ie me marie, il faut quiter l'estude,
En prenant femme, on prend beaucoup d'inquie-
    tude,

On eſt touſiours troublé de nouueaux embarras,
Cela m'effroye.

PANFILE.

Hé bien, ne vous mariez pas.

LE DOCTEVR.

N'eſtant point marié, ſi quelque mal m'accable,
Ie ſeray ſpolié du ſoin conſiderable
Qu'vne femme ſe donne alors pour vn eſpoux.
C'eſt ce que j'aprehende.

PANFILE.

Hé bien, mariez-vous.

LE DOCTEVR.

Mais ſi durant mon mal ma femme auec Terſan-
dre,
Certain Godelureau qui ne vaut pas le pendre,
Loin d'auoir ſoin de moy ſouhaitoit mon trépas?
I'enragerois.

PANFILE.

Hé bien, ne vous mariez pas.

LE DOCTEVR.

Mais viuant ainſi ſeul ie mourray ſans lignée,
A qui pouuoir laiſſer ma richeſſe épargnée;
Prenant femme, il naiſtra quelque heritier de nous,
Et j'en ſeray bien aiſe.

PANFILE.

Hé bien, mariez-vous.

LE DOCTEVR.

Mais eſtant marié, ſi, comme il ſe peut faire,
Des fils qui me viendront quelqu'autre eſtoit le
Pere,
Et s'il faloit pourtant les auoir ſur les bras?
I'en tiendrois.

PANFILE.

Hé bien donc, ne vous mariez pas.

LE DOCTEVR.

Cet vltime confeil eſt celuy qu'il faut ſuiure,
I'ay pour faire vn bon choix trop peu de temps à
    viure :
Ie fuiray donc l'himen, Dieu du ſombre Manoir,
Ie m'en retourne au monde, adieu juſqu'au reuoir.

PANFILE.

Que l'on approche vn ſiege ; il retombe en foi-
    bleſſe.
Ma fille, il ne faut plus croire que ſon mal ceſſe,
I'auray peine à trouuer quelque Party pour vous.
Que n'auez-vous Terſandre à preſent pour époux!
Faloit-il pour ce fol rebuter ſa demande ?
L'intereſt me fit faire vne faute ſi grande;
Mais le Docteur reuient, écoutons ſes propos.

LE DOCTEVR.

Pluton en ſoit loüé, ie ſuis de chair & d'os.
Beau-pere pretendu que Iupiter conſole,
Cherchez vn gendre ailleurs, ie reprens ma parole:
Le grand Dieu des Enfers dont ie ſuis de retour,
M'a donné ce conſeil en me rendant le iour.

PANFILE.

Ah, changez de diſcours.

LE DOCTEVR.

        Ie comprens vos penſées,
Vous deſirez ſçauoir ce qu'aux champs Eliſées,
Où ie viens de paſſer, j'ay recemment apris.

PANFILE.

Ce n'eſt pas...

LE DOCTEVR.

        Par ma foy, vous en ſerez ſurpris,
Pluſieurs qui dans ce monde ont poſſedé l'Em-
    pire,
Sont là dans vn eſtat qui vous feroit trop rire.

                    Ninus

Ninus l'vfurpateur y racoustre des bas,
Cambise le cruel vend de la mort aux rats :
Xerxes le gras y vend des coines de lart jaune,
Cresus qui fut si riche, y demande l'aumosne.

PANFILE.

C'est...

LE DOCTEVR.

Ah, ce n'est pas tout, Philippe le hableur
Tire les cors des pieds, fans mal & fans douleur:
Alexandre le Grand deniche des Fauuettes,
Cesar le vigilant est vendeur d'Alumettes.

PANFILE.

Ce n'est rien de cela que ie voudrois sçauoir.

LE DOCTEVR.

Quoy donc? si les sçauants ont là bien du pouuoir?
Vous estes curieux, il faut vous tout apprendre;
Sçachez dõc qu'à present le morne Anaximandre,
Diogene le chien, Esope le velu,
Aristote le begue, & Platon le rablu,
Hetille l'affamé, le chastré Xenocrate,
Epictete le gueux, & le cornard Socrate,
Qui n'eurent point icy grands biens ny grands
    honneurs,
Au païs d'où ie viens sont de fort grands Sei-
    gneurs.
Estes-vous satisfait?

PANFILE.

Vous me le pouuez rendre,
En épousant ma fille & deuenant mon gendre.

LE DOCTEVR.

Ne vous ay-je pas dit que ie n'en ferois rien?
C'est Pauis de Pluton, & c'est aussi le mien.

PANFILE.

Mais...

F

LE DOCTEVR.

Mais Pluton l'a dit, cela vous doit suffire.

PANFILE.

Vous estes fol, Monsieur.

LE DOCTEVR.

Il faut vous laisser dire,
Vous auez beau vous plaindre & beau m'injurier,
Ie ne suis pas si fol que de me marier. *Il sort.*

PANFILE.

Que ferons-nous?

TERSANDRE.

Spondez vostre fille à Tersandre.

PANFILE.

Ie l'ay traité trop mal, il n'y faut plus pretendre.

ISABELLE.

Mais s'il auoit pour moy le mesme sentiment,
Luy serois-je accordée?

PANFILE.

Auec rauissement.

TERSANDRE *se découurant.*

Tersandre à vos genoux vous la demande encore.

PANFILE.

Elle est à vous, Tersandre, & vostre amour l'ho-
nore;
Mais ie suis fort surpris d'vn si grand changement,
Venez m'en éclaircir dans mon apartement.

*Fin du troisiéme Acte & de
la Comedie.*

Noms des Acteurs du quatrième Acte.

CLORINDE,   Amazóne.

TANCREDE,   Prince Chreſtien.

ARSAGE,   Eſcuyer de Clorinde.

HERMINE,   Princeſſe d'Antioche.

ARIMON,   Amy de Tancrede.

SOLDATS.

La Scene eſt deuant Hieruſalem.

ACTE IV.

CLORINDE.

TRAGEDIE.

SCENE PREMIERE.

CLORINDE, TANCREDE.

CLORINDE *sortant l'espée à la main.*

Vy, ouy, ie suis Clorinde, & qui m'o-
sera suiure
Sera bien-tost content s'il est lassé de
viure.

TANCREDE *la suiuant.*

Ie veux la suiure seul, que l'on n'aduance pas.

CLORINDE.

Qui que tu sois, aprens que tu cours au trépas.

TANCREDE.

Ouy, ma perte est certaine, Amazone adorable,
Ie sçay que vostre bras fut tousiours indomptable;
Mais quand j'échaperois à ses coups furieux,
Ie n'échaperois pas aux traits de vos beaux yeux.

CLORINDE.

Qui donc es tu, qui m'ose aborder de la sorte?

TANCREDE.

Ie suis Chrestien, Tancrede est le nõ que ie porte,
Et suis icy venu conduit par Godefroy
Affranchir ces lieux Saints d'vn infidelle Roy:
Deux mois peuuent encor estre escoulez à peine,
Depuis que dans vn Bois au bord d'vne Fontaine,
Ie vous trouuay sans Casque & deuins vostre amãt,
Et vous vis éloigner presqu'au mesme moment.
Cette nuit dans ce Camp, en vous voyant paroi-
    stre,
A vos Armes d'abord j'ay creu vous reconnoistre:
Et dans cette croyance à present affermy,
Ie vous suis comme Amant & non comme Enne-

CLORINDE.   (my.

Soit comme vn Ennemy, soit comme Amant,
    n'importe,
Pour ces deux noms ma haine est également forte:
Ie n'aime que la Guerre, & ce noble mestier
Demande à qui l'exerce vn grãd cœur tout entier;
L'Amour est son contraire, & ses molles tendresses
Aù cœur qui les ressent n'inspirent que foiblesses.
Ie hay l'Amour enfin, & détestant sa Loy,
Vn Amant est tousiours vn Ennemy pour moy:

TANCREDE.

L'Amour n'est qu'vne ardeur simple de sa nature,
Son Objet seulement la souïlle, ou la rend pure.
L'Objet de mon amour est noble autant que doux,
L'aimé enfin le Merite & la Valeur en vous:
Et si pour qui vous aime, ô Beauté trop cruelle,
Vous ne pouuez auoir qu'vne haine mortelle,
Ie crains, quoy que mon cœur de terreur ayt fremy,
De ne pouuoir cesser d'estre vostre Ennemy.

CLORINDE.   (me,

Cette Amour doit de moy n'attendre aucune esti-
Entre deux Ennemis tout commerce est vn crime,
Tu ne me peux aimer sans trahir Godefroy,
Et le cœur d'vn perfide est indigne de moy.

TANCREDE.

Ah, c'est ce que de moy vous ne deuez pas croire.
Ie vous aime, il est vray, mais j'aime aussi la Gloire.
Mourant pour mon party, mon trépas seroit doux,
Autant qu'il le seroit si ie mourois pour vous.

CLORINDE.

Si ie m'arreste au sens que ce discours expose,
Ie puis beaucoup sur toy.

TANCREDE.

                    Vous pouuez toute chose.
Vos desirs sont pour moy des ordres absolus,
Quelle preuue en faut-il ?

CLORINDE.

                    Il faut ne m'aimer plus.

TANCREDE.

C'est ce que me deffend l'estat où ie me treuue,
Ce qui détruit l'amour n'en peut estre vne preuue,
Commandez-moy plûtost d'affronter le trépas,
Tout m'est possible, horsmis de ne vous aimer pas.

CLORINDE.

Mais quel est ton espoir ? sçais-tu bien que mon
        ame
Veut toujours estre libre ?

TANCREDE.

                    Ouy, mais ie sçay, Madame,
Que l'effet ne suit pas toujours nostre souhait,
Et que souuent on aime en dépit qu'on en ait.
Mon espoir est fondé sur vostre resistance,
L'Amour aime à forcer qui se met en deffence;

Plus vn cœur luy resiste, & plutost il l'abat.
CLORINDE.
Hé bien, pour vaincre mieux ie fuiray le combat,
Et pour oster tout lieu de me pouuoir surprendre,
Ie ne pretends iamais ny te voir ny t'entendre.
Adieu.
TANCREDE.
Vueillez souffrir encor... Mais elle fuit,
Et j'ay desia perdu sa trace dans la nuit.
Qui me vient aborder ?

SCENE II.

ARSACE, TANCREDE.

ASRACE.

O Ciel !

TANCREDE.

Quel soin te presse ?
Parle, que cherches-tu ?
ARSACE.
Clorinde ma Maistresse.
Le Camp a pris l'alarme, & j'aprehende fort
Qu'elle n'ayt rencontré la prison ou la mort ;
Et d'vn peril egal sans auoir l'ame émeuë
Ie viens aprendre icy ce qu'elle est deuenuë.
TANCREDE.
Quiconque a le bon-heur d'estre à cette Beauté,
Doit sçauoir qu'où ie suis il est en seureté :
Clorinde a fait retraite auec vn soin extrême,
Suy ses pas, & dy luy seulement que ie l'aime.

ARSACE.

Que luy diray-ie encor ?

TANCREDE.

Ie te l'ay defia dit,
Va , dy luy que ie l'aime , & cela me fuffit.

ARSACE.

Il paffe vers le Camp, retournons à la ville,
La nuit rend maintenant ma retraite facile :
Mes foins doiuent ceffer ; mais n'aperçois-ie pas
Quelque Guerrier armé qui tourne icy fes pas ?
Mais ou mon ame encor prend de fauffes alarmes,
Ou ie cognois Clorinde à l'éclat de fes Armes.

SCENE III.

CLORINDE, ARSACE.

CLORINDE.

C'Eft Arface.

ARSACE.

Ah , Madame ! où courez-vous ainfi ?

CLORINDE.

Acheuer vn deffein qui n'a pas reüffi.
Ie dois porter la flame à ces hautes Machines,
Sur qui tous les Chreftiens ont fondé nos ruïnes.
Ifmene l'enchanteur , propice à mes deffeins,
A fait cette Grenade & l'a mife en mes mains ;
Mais j'ay mal-pris mon temps , & fans rien entre-
    prendre ,   (dre,
Les Chreftiens m'ont d'abord reduite à me deffen-
Et leur nombre euft fans doute accablé ma valeur,
Sans les foins que Tancrede a pris en ma faueur ;

Puis qu'enfin ie me trouue & libre & sans blessure,
Ie veux tenter encor cette haute auanture.

ARSACE.

Quoy, rentrer au peril, lors que vous en sortez !
Madame, le malheur suit les temeritez.

CLORINDE.

Tous tes conseils icy me sont peu necessaires,
La Fortune est tousiours propice aux temeraires.

ARSACE.

Consultez...   CLORINDE.

Tes raisons ne peuuent m'arrester,
Il est heure d'agir, & non de consulter.

ARSACE.

Dans vn trop grand peril ce dessein vous engage.

CLORINDE.

Ouy, le peril est grád, mais moins que mó courage.

ARSACE.

Mais vous pouuez perir, on peut vous accabler ?

CLORINDE.

Ouy, ouy, ie puis perir ; mais ie ne puis trembler,
I'ois du bruit, qui va-là ?

SCENE IV.

HERMINE, CLORINDE, ARSACE.

HERMINE.

IE m'estime perduë,
Ie suis....

CLORINDE.

Qui que tu sois, responds, ou ie te tuë.

HERMINE.

C'eſt la voix de Clorinde & ſes Armes auſſi.

CLORINDE.

Parle.

HERMINE.

Ie ſuis Hermine.

CLORINDE.

O Ciel, Hermine icy !
Qui t'a fait déguiſer ?

HERMINE.

Vne eſtrange diſgrace ;
Mais ſoyons ſans témoins.

CLORINDE.

Eloignez-vous, Arſace.

HERMINE.

Souffre qu'il aille dire à Tancrede à l'inſtant,
Que ſeul en cet endroit vn Eſtranger l'attend.

CLORINDE.

Arſace , entendez-vous l'ordre qu'elle vous
donne ?

ARSACE.

Ouy, Madame.

CLORINDE.

Allez donc faire ce qu'elle ordonne.

Arſace ſort.

HERMINE.

Ta rencontre en ces lieux jointe à noſtre amitié
M'oblige à ne me pas découurir à moitié.
Tu ſçais bien que mon Pére eſtoit Roy de Syrie,
Qu'il perdit à la fois la Couronne & la vie,
Et que Tancrede alors portant par tout l'effroy,
Força noſtre palais & ſe ſaiſit de moy ;
Mais aprens qu'à ma veuë il fit en vain le braue,
Si ie fus ſa captiue, il deuint mon eſclaue,

Et ceſſant d'eſtre libre en ſe trouuant vainqueur,
Il prepara des fers ſeulement pour ſon cœur.
De ſon amour enfin j'eus des preuues certaines,
Pour marquer ſes liens, ſa main briſa mes chaînes:
Et ſçachant mes deſirs, bien loin d'y reſiſter,
Iuſques en cette Ville il me vint eſcorter.
Ce fut lors qu'à mon ame Amour ſe fit connoiſtre,
Mon cœur deuint captif quand ie ceſſay de l'eſtre,
Et Tancrede voulant m'oſter des fers ſi beaux,
Bien loin de les briſer, m'en donna de nouueaux.

CLORINDE.

Quoy, tu l'aimes?

HERMINE.

Ie l'aime, & me ſuis reſoluë
De luy parler icy ſans en eſtre connuë,
De ſonder ſes deſirs, & s'il n'aime que moy,
De luy rendre iuſtice en luy donnant ma foy.

CLORINDE.

Quoy, ſa Religion n'a donc rien qui t'eſtonne?

HERMINE.

I'abhorre ce qu'il croit, mais j'aime ſa perſonne.

CLORINDE.

Hermine, conſidere....

HERMINE.

Alors qu'on aime bien,
Clorinde, vn jeune cœur ne conſidere rien.

CLORINDE.

Puis qu'en vain ie m'oppoſe à ce deſſein eſtrange,
De nos Armes au moins nous deuons faire échan-
    ge :
Celles que deſſus moy Tancrede vient de voir,
Si tu veux t'en charger, pourront le deceuoir;
Et parlant ſous mon nom en baiſſant ta viſiere,
Tu ſçauras s'il perſiſte en ſon amour premiere.

HERMINE.

Ce conseil me rauit.

CLORINDE.

Si l'effet suit mes vœux,
Il peut estre à la fois vtile à toutes deux,
Tes Armes sans éclat me rendront inconnuë
Dedans vne entreprise où ie crains d'estre veuë.

HERMINE.

I'entends quelqu'vn qui marche.

CLORINDE.

Arsace fait ce bruit.

SCENE V.

CLORINDE, HERMINE, ARSACE.

CLORINDE.

AVez-vous veu Tancrede ?

ARSACE.

Ouy, Madame, il me suit.

CLORINDE.

Croit-il que ce soit moy qui doiue icy l'attendre ?

ARSACE.

Il vous croit en danger, & vient pour vous deffendre,
Tout armé comme il est, il s'auance à grands pas.

CLORINDE.

Arrestez-le, & sur tout ne le détrompez pas.

SCENE

SCENE VI.

ARSACE, TANCREDE.

ARSACE.

DE s'auancer icy ie l'entends qui se presse.
Seigneur, en cet endroit vous verrez ma Maî-
stresse.

TANCREDE.

Pour la trouuer plûtost marchons diligemment.

ARSACE.

Elle viendra se rendre icy dans vn moment.
N'allez pas plus auant, Clorinde le desire,
Ie reste par son ordre icy pour vous le dire.

TANCREDE.

C'est assez, j'obeïs, & n'iray pas plus loin;
Mais de quelque secours n'a-t'elle pas besoin?

ARSACE.

Seigneur, de son salut ne soyez point en peine,
Elle est hors de peril, & vostre crainte est vaine.

TANCREDE.

Obligez-moy du moins de ne me point celer
Quel sentiment l'oblige à me vouloir parler.
Veut-elle encor accroistre ou flater mon martyre?
Ne m'en direz-vous rien?

ARSACE.

                    Ie n'ay rien à vous dire,
C'est vn secret que seule elle peut declarer,
La voicy; par respect ie vay me retirer.

G

SCENE VII.

TANCREDE, HERMINE
couuerte des Armes de Clorinde.

TANCREDE.

C'Est Clorinde, auançons.
> #### HERMINE *à part.*
> Ma crainte icy redouble.

TANCREDE.

Voſtre retour m'eſt doux, Objet remply d'appas,
Soit qu'il me ſoit propice ou ne me le ſoit pas,
Ie n'eus iamais l'orgueil de pretendre à vous plai-
　re,
Vous aimer & vous voir eſt tout ce que j'eſpere,
Et malgré vos rigueurs vous comblez mon eſpoir,
Puis que ie puis icy vous aimer & vous voir.

HERMINE *à part.*

Il me parle d'amour ! il m'a donc reconnuë ?

TANCREDE,

Mes ennuis les plus grands ceſſent à voſtre veuë.

HERMINE.

Mais me connoiſſez-vous ?
> #### TANCREDE.
> Ouy, pour vne Beauté
Qui fait voir des appas juſques dans ſa fierté :
Ie ſçay que parmy nous le Ciel vous fit deſcendre
Pour donner de l'amour & pour n'en iamais pren-
　dre,
Et que de la Nature auſſi-bien que des Cieux
Vous n'euſtes en naiſſant rié de doux que les yeux.

HERMINE.

On se laisse souuent tromper par l'apparence,
Et l'on est quelquefois aimé sans qu'on y pense.
Esperez.

TANCREDE.

Que j'espere! ô Ciel, qu'ay-ie entendu?
Vn bon-heur est plus grand, moins il est attendu,
Et mon cœur interdit de cette grace insigne
Vous est plus obligé, moins il s'en trouue digne.

HERMINE.

Vn Amant bien-fidelle est digne d'estre aimé.

TANCREDE.

Quel soupçon de ma foy pourroit estre formé?
Quiconque est vostre amant ne peut estre infidelle,
Dés qu'on a veu Clorinde, on ne peut aimer

HERMINE.   (qu'elle.

Vous aimez donc Clorinde?

TANCREDE.

En pouuez-vous douter?
Ie l'aime d'vne ardeur qui ne peut s'augmenter.
Côme il n'est point d'éclat que sa beauté n'efface,
On ne peut voir d'amour que mon feu ne surpasse.
Clorinde est sans égale, & Tancrede enchanté
Est enfin en amour ce qu'elle est en beauté.

HERMINE *à part*,

Ces mots passionnez m'outragent jusqu'à l'ame.
Mais n'auez vous iamais ressenty d'autre flame?

TANCREDE.

Mon cœur que jusqu'icy l'on n'a pû surmonter,
N'auoit rien que Clorinde au monde à redouter:
Ses fers ont tant d'éclat, que j'ay l'ame trop vaine
Si ie croy meriter vne si belle chaine;
Mais croyez que Clorinde est seule en l'Vniuers
Qui puisse meriter de me donner des fers.

HERMINE *bas.*

A me defesperer ce perfide s'obftine,
Mais n'auez-vous iamais foûpiré pour Hermine?
I'ay fçeu que vous l'aimiez.

TANCREDE.

Qui vous l'a fait fçauoir
Eft, où deceu luy-mefme, ou veut vous deceuoir.
Ie ne l'aimay iamais, le peu qu'elle a de charmes
Eftoit quand ie la vis tout noyé de fes larmes,
Et croyant ne deuoir l'affliger qu'à moitié,
Ie luy rendis des foins feulement par pitié.

HERMINE *à part.*

Peut-on iamais fouffrir de plus cruels outrages?
Hermine eut de vos feux d'affez grâds témoigna-
Voftre amour fut la fin de fa captiuité, (ges,
En faueur de vos fers elle eut la liberté.

TANCREDE.

Pour elle ma froideur fut par là confirmée,
M'en ferois-ie éloigné fi ie l'auois aimée?
Ie l'aurois conjurée en la méprifant moins,
De fouffrir mon amour, mon refpect & mes foins,
Mais trouuant fon humeur importune & feuere,
Ie pris vn beau pretexte afin de m'en deffaire.

HERMINE *bas.*

Quel aueu, jufte Ciel, & quelle indignité!

TANCREDE.

Que m'aprend ce murmure, adorable Beauté?
Ah, fans doute il m'aprend que ma gloire eft ex-
trême,
Lors qu'on paroift jaloux, on témoigne qu'ô aime,
Qu'en dois-ie croire enfin?

HERMINE.

Que tu t'abufes fort,
Que ie t'abhorre plus que l'on ne hait la mort;

Que tu n'es qu'vn ingrat, que ma haine implaca-
　　ble
Comme ta lâcheté n'eût iamais de semblable,
Que mon couroux pour toy ne doit iamais finir,
Et te méprise trop pour te vouloir punir.
Adieu.

TANCREDE.

Souffrez qu'au moins ie puisse vous répondre;
Mais l'ingrate m'accuse & fuit pour me côfondre.
O Ciel! fut-il iamais reuérs plus impreueu!
De tout raisonnement ie me sens dépourueu.
Vn changement si prompt doit seulement m'in-
　　struire
Qu'il n'est rien d'asseuré dans l'amoureux empire;
Qu'Amour aime à mêler le bien auec le mal,
Et comme il est enfant qu'il n'est iamais égal:
Ses plus rares faueurs sont tousiours inconstantes;
Mais quoy, ne vois-ie pas nos Machines brûlantes?

SCENE VIII.

ARIMON, CLORINDE, TANCREDE.

ARIMON.

OVy, traistre, de ta main j'ay veu partir le feu,
Ta fuite & tes détours te seruiront de peu,
Mon bras en ce moment punira ton audace.

CLORINDE le blessant.

C'est ainsi que ie sçay répondre à qui menace.

ARIMON.

Ie suis mort.

TANCREDE.

Arimon eſt tombé ſans chaleur,
Il faut que ie partage ou vange ſon malheur,
Aprés ſon meurtrier marchons en diligence.

CLORINDE.

Ie voy pour m'arreſter Tancrede qui s'auance,
Si ie me fais connoiſtre il ne me nuira pas;
Mais ie ne veux deuoir mon ſalut qu'à mon bras,
Il faut que ie l'attende, & que ie l'embaraſſe.
Parle, qui donc es-tu qui me ſuis à la trace?

TANCREDE.

Ie ſuis vn homme armé qui par vn iuſte effort
T'aporte en meſme temps & la guerre & la mort.

CLORINDE.

Ie ne fuis point la guerre & l'accepte ſur l'heure;
Mais ſois certain qu'il faut que la mort te demeure.

TANCREDE.

Ie vay te faire voir par de ſanglants effets,
Que ie ſçay bien donner tout ce que ie promets.

CLORINDE. *Ils ſe battent.*

Quel Amant eut iamais vn deſſein plus eſtrange!
Mais ie me ſens bleſſée, il faut que ie me vange.

TANCREDE.

Ce n'eſt rien, ce n'eſt rien, ie n'ay que commencé.

CLORINDE.

C'eſt à moy d'acheuer.

TANCREDE.

Ah, Ciel! ie ſuis bleſſé.

CLORINDE.

Ce n'eſt rien, ce n'eſt rien, ma bleſſeure funeſte
Te doit couſter encor tout le ſang qui te reſte.

TANCREDE.

O toy, qui que tu ſois, contre qui ie me bas,
Differe d'vn moment ta perte, ou mon trépas,

Et si dans ce combat où l'honneur nous engage
Les prieres encor peuuent estre en vsage,
Pour accroistre ma gloire ou flater mon malheur,
Instruy-moy de ton nom comme de ta valeur.
Ie ne connois que trop que de nostre querelle
Aux iours de l'vn de nous la fin sera mortelle;
Fais moy connoistre auant ou l'vn ou l'autre sort,
Quel bras doit honorer ma victoire ou ma mort.

CLORINDE.

Cette grace pour toy seroit peu fauorable,
Sois certain que ie porte vn nom si redoutable,
Qu'en te le prononçant, malgré tous tes desseins,
Les armes à l'instant te tomberoient des mains;
Mais ie crains ta foiblesse, & j'ay trop de courage,
Pour te vouloir combatre auec quelque auantage:
Mon cœur peut sur luy seul son espoir establir,
Et pour te vaincre mieux ne veut pas t'affoiblir;
Ne prends point d'autres soins que ceux de te def-
    fendre,
Deffens-toy de mon bras, & sois content d'appren-
    dre
Que de ces hautes Tours l'embrasement soudain
Est vn coup fortuné de certe mesme main.

TANCREDE.

Sçache qu'à te punir cet aueu me conuie,
Et qu'il ne doit pas moins te couster que la vie.

CLORINDE.

Ah, ce coup est mortel & ma vigueur s'abat.

TANCREDE.

Il chancelle, hastons la fin de ce combat,
Ie suis vainqueur, il tombe

CLORINDE.

                         Ah, c'est ce que j'ignore,
Tu n'es pas mon vainqueur puis que ie vis encore,

Acheue, & tu sçauras si mon cœur est vaincu,
Qu'il n'a pû l'estre au moins tandis qu'il a vescu.
TANCREDE.
Que la Victoire, amy, me soit plûtost rauie,
Que de l'auoir au prix d'vne si belle vie,
Ton courage me charme, & mon inimitié
Se laisse vaincre aux traits d'vne iuste pitié,
C'est moy qui suis vaincu.
CLORINDE.
                    Cette pitié nuisible
Me fait mieux que tes coups cesser d'estre inuin-
  cible,
La Victoire est à toy, ta generosité
Triomphe malgré toy de toute ma fierté,
Et le Sort qui m'outrage au moins me fait con-
  noistre
Qu'il me donne vn vainqueur qui merite de l'estre.
TANCREDE.
L'espoir de ton salut nous peut encor rester,
Ce Casque t'embarasse, & ie vay te l'oster.
CLORINDE.
Ma blesseure est mortelle, & ta peine impuis-
sante.
TANCREDE, il oste son Casque.
Iuste Ciel! c'est Clorinde!
CLORINDE.
               Ouy, Clorinde mourante.
Tu restes interdit, Tancrede, & ie connoy
Que le coup dont ie meurs te blesse autant que
  moy;
Mais pers cette douleur qui m'est injurieuse,
Pour regretter ma perte elle est trop glorieuse.
Ie meurs; mais ie connois que ce coup inhumain
Ne me pouuoit venir d'vne plus belle main.

Ouy, j'eſtime Tancrede, & mon ame deceuë
Ne l'euſt point eſtimé s'il ne m'euſt point vain-
    cuë.
Mon cœur qui ne ſe plaint ny de toy ny du Sort,
Te pardonne aiſément ma deffaite & ma mort:
Le reſte de mon ſang s'écoule auec ma vie,
Ie meurs, mais ie ne puis mourir ton ennemie,
Adieu.

TANCREDE.

Clorinde meurt par le fer que ie tiens,
Et mes iours ne ſont pas finis auec les ſiens !
La clarté par mes coups à Clorinde eſt rauie,
Et ſa perte n'eſt pas de la mienne ſuiuie !
Enfin Clorinde expire, & mon perfide cœur
N'a pas aſſez d'amour pour mourir de douleur !
Quoy, cette main ſi prompte aux actions barbares,
Cette main ſi cruelle à des beautez ſi rares,
Apres de ma Maiſtreſſe auoir haſté la fin,
N'a pas encore oſé punir ſon aſſaſſin ?
N'a pas oſé commettre vn acte de Iuſtice ?
Ah c'en eſt trop, il faut que ce coup me puniſſe...
Mais l'horreur des Amants & l'effroy des humains,
Qui dans vn ſang ſi pur vient de tremper ſes mains,
Apres auoir porté ſa rage ſans ſeconde
Iuſqu'au ſein le plus chaſte & le plus beau du mon-
Et mis vne beauté qu'il adore, aux abois,   (de,
Pour ſa punition ne mourra qu'vne fois !
Non, non, n'acheue pas ce ſanglant ſacrifice,
Tancrede ingrat, ta vie eſt ton plus grand ſupplice.
Contemple cet Objet de ton cœur adoré,
Qu'au fort de ton amour ton bras a maſſacré.
Voy ces beaux yeux autheurs de tes flames pre-
    mieres,
Dont tes efforts ſanglants ont eſteint les lumieres.

Regarde le débris d'vn chef-d'œuure si beau,
Et dans chaque regard trouue vn trépas nouueau,
Et vous, ce dernier coup d'vne main adorable,
Blesseures, retenez le sang de ce coupable.
C'est finir son tourment que terminer son sort,
Et vous luy feriez grace en luy donnant la mort.
Mais quoy, vous vous ouurez ; en vain ie vous
　　conuie,
Pour prolonger mes maux, de prolonger ma vie.
Pour vanger le beau sang du corps dont vous par-
　　tez,
Vous vomissez le mien à flots precipitez :
Desia ma voix s'abat, mes foiblesses redoublent,
Mes pas sont chancelans, mes yeux mourans se
　　troublent :
Et cedant à l'effort des dernieres douleurs,
Mon cœur par vn soûpir m'aduertir que ie meurs.
Vous, de tant de beautez chers & tragiques restes,
Beau corps, à qui mes iours ont esté si funestes,
Permettez en perdant mon crime auec le iour,
Que la Mort nous vnisse au defaut de l'Amour.

　　Il tombe auprés du corps de Clorinde.

Fin de la Tragedie & du quatriéme Acte.

Noms des Acteurs du cinquiéme Acte.

ARMIDE, Magicienne ennemie de Renaud.

L'OMBRE, d'Hidraot oncle d'Armide.

RENAVD, Cheualier Chrestien amoureux d'Armide.

AGIS, Escuyer de Renaud.

VN TRITON.

VNE SIRENE.

L'AMOVR.

Quatre petits Amours.

La Scene est proche de Hierusalem dans vne Isle enchantée.

ACTE V.

ARMIDE
ET
RENAVD.

TRAGICOMEDIE EN MACHINES.

SCENE PREMIERE.

ARMIDE *suspenduë en l'air.*

Iniftres, dont les foins font mes plus
fortes armes,
Démons, à me feruir engagez par mes
charmes,
Changez ces lieux couuerts & de fang & de pleurs,
En vne Ifle agreable & couuerte de fleurs.

Le Theatre se change en vne Ifle delicieuse où
l'on peut paffer par vn pont magnifique, &
Armide defcend en mefme temps & continuë
à parler.

Et

Et vous, à qui ie dois les hautes connoissances
De la plus asseuree & noble des sciences,
D'vn Art qui quand ie veux trouble ou calme les
    Mers,
Et fait pâlir les Cieux, ou trembler les Enfers:
Noble Esprit d'Hidraot, qui sous des Mirthes som-
    bres
Ioüissez du repos dont joüissent les Ombres,
Quitez pour me vanger ces noirs & tristes bords,
Et pour nuire aux viuants, abandonnez les morts.
Quarante Cheualiers que i'auois auec peine
Pris entre les Chrestiens, & puis mis à la chaîne,
Par le ieune Renaud le plus fier des humains,
M'ont esté hautement rauis d'entre les mains.
I'aspire à la vangeance & j'en flate mon ame,
Rien n'est plus agreable à l'esprit d'vne femme ;
Et plus son impuissance inuite à l'outrager,
Plus pour elle il est doux de se pouuoir vanger.
Ie vous conjure donc, Ombre qui m'estes chere,
Par les Ondes du Styx que tout l'Enfer reuere,
Par le Cercle d'Hecate & ses trois diuers noms,
Et par le noir Trident du Prince des Demons ;
Pour aux iours de Renaud faire ensemble la guer-
De sortir à l'instant du centre de la Terre.   (re,

La terre s'ouure & l'Ombre d'Hidraot en sort.

SCENE II.

L'OMBRE D'HIDRAOT, ARMIDE.

L'OMBRE.

TV me vois prest, Armide, à suiure tes desirs,
L'Enfer prend auec moy part à tes déplaisirs,

H

Il craint que de Renaud la valeur sans égale
A tous ses partisans ne se rende fatale,
Et ce ieune Chrestien peut dire sans erreur,
Qu'il a jusqu'aux Enfers porté de la terreur;
Mais les Démons enfin sont tous d'intelligence
Pour haster auec toy sa perte & ta vangeance.

ARMIDE.

L'offence est pour moy seule, & me doit engager
A prendre seule aussi le soin de me vanger.
Renaud sera puny, mais puny par mes armes,
Sa rencontre est le bien que j'attends de mes char-
    mes;
Mais l'ayant rencontré, ma main seule en effet
Doit reparer le tort que la sienne m'a fait.

L'OMBRE.

Ce sentiment est iuste, & ie te viens aprendre
Qu'à l'instant en ces lieux Renaud se viendra
    rendre,
Et loin que ton couroux luy donne de l'effroy,
Qu'il a de t'aborder mesme desir que toy.

ARMIDE.

Mesme desir que moy, qu'il a tant offencée?

L'OMBRE.

Il a mesme desir & non mesme pensée,
Tu cherches à le perdre, il cherche à t'acquerir:
Tu veux percer son cœur lors qu'il veut te l'offrir,
Il est atteint pour toy d'vne ardeur sans mesure:
I'ay fait entre ses mains rencontrer ta peinture,
Son cœur ieune & boüillant s'est enflamé d'abord;
Mais d'vn feu qui ne doit éclairer que sa mort.

ARMIDE.

Sa passion me nuit, le trépas luy doit plaire,
S'il luy vient d'vne main que l'Amour luy rend
    chere;

Ma haine dans sa mort n'aura rien d'éclatant,
Il mourra de ma main ; mais il mourra content.
Ie souhaite sa mort ; mais sa mort inhumaine :
Il meurt sans chastiment s'il expire sans peine.
La Mort ne punit point quand elle a des appas,
Et s'il meurt impuny ie ne me vange pas.

L'OMBRE.

Pourueu qu'il meure enfin cela te doit suffire,
La Mort est de tous maux le dernier & le pire,
Et de quelque façon qu'on se sente outrager,
Perdre son Ennemy c'est touschours se vanger.

ARMIDE.

Renaud paroist : allez par quelque adresse vtile
L'engager à passer sans suite dans cette Isle,
Ce lieu pour ma vangeance est propre au dernier
point.

L'OMBRE.

Ie te vay contenter ; mais ne te montre point.

Armide se cache derriere quelques arbres, &
l'Ombre passe sur le pont & se rend sur le
deuant du Theatre, où Renaud paroist auec
son Escuyer.

SCENE III.

RENAVD, AGIS, L'OMBRE.

RENAVD *tenant vne boite de portrait.*

CEsse, Agis, de combatre vne flame inuincible,
Ie voudrois l'estoufer ; mais il m'est impossible.
Tous les raisonnemens ne sont pas de saison,
Mes sens dans leur desordre engagent ma raison :

Armide est idolatre, Armide est criminelle,
Elle est mon ennemie enfin, mais elle est belle,
Ses deffauts sont cachez par ses charmes puissans,
Et ma raison ne voit que ce qu'ont veu mes sens.
Cesse par tes discours en cette solitude
De troubler de mon cœur la douce inquietude.
Mes pensers amoureux icy m'ont fait venir,
Et fourniront assez dequoy m'entretenir.   (que!
Dieu, que cette Isle est belle, & ce Pont magnifi-
Sçachons-en les secrets de cet homme rustique.
Quelle est cette Isle, Amy?

L'OMBRE.

Ces mots me font juger,
Seigneur, qu'asseurément vous estes estranger.
Il n'est point dans l'Asie Isle plus renommée,
L'entrée aux Estrangers n'en est iamais fermée;
Et pour peu que vostre ame aime les nouueautez,
Vous ne passerez point sans en voir les beautez.

RENAVD *passe sur le pont.*

Suy donc mes pas, Agis.

L'OMBRE *arrestant Agis.*

Si tu n'es las de viure,
Qui que tu sois, demeure, & garde de le suiure,
Cette Isle est enchantée, & par de dures loix
L'on n'y peut sans danger passer deux à la fois.

*Agis veut passer (†) le pont se brise dans le mo-
ment qu'il veut mettre le pied dessus.*

A G I S.

N'importe. Ah Ciel! le Pont tout à coup vient de
     fondre,
Ce succez de tout point commence à me con-
     fondre,
Ce doit estre l'effet d'vn magique pouuoir.
Plust au Ciel que l'autheur à mes yeux se fist voir!

L'OMBRE.

C'eſt moy, que pretends-tu ?

AGIS.

Ce que ie pretends, traiſtre!
Te perdre, ou te forcer de me joindre à mon
Maiſtre.

L'OMBRE.

Quoy, mortel impuiſſant, tu m'oſes menacer,
Toy, que d'vn ſoufle ſeul ie pourrois terraſſer?
Ouy, de ce Pont briſé la cheute eſt mon ouurage,
Et ſi de Renaud ſeul j'ay ſouffert le paſſage,
Sçache que ce ſera malgré tout ſon effort
Vn paſſage pour luy de la vie à la mort.

AGIS.

La crainte de ton Art n'a rien qui me retienne,
Et ta perte du moins precedera la ſienne.

Il met l'eſpée à la main, & lors qu'il en veut
fraper l'Ombre, elle rentre dans la terre &
Agis ne frape que l'air.

Ciel ! d'vn pareil prodige a-t'on ouy parler !
Ie frape, & tous mes coups ne rencôtrent que l'air,
Le charme eſt ſurprenant qui l'a fait diſparoiſtre;
Mais cherchons quelqu'endroit pour rejoindre
mon Maiſtre.

SCENE IV.

RENAVD *dans l'Iſle enchantée.*

CE Gazon que cette eau vient baiſer doucemêt,
Semble icy m'inuiter à reſuer vn moment.

Il ſe couche ſur vn Gazon.

Isle delicieufe, où l'aimable Zephire
Dedans le fein de Flore auec langueur foûpire,
Sejour de mille apas que ce fleuue charmant
Ceint d'vn continuel & mol embraffement,
Pour rendre icy ma joye & parfaite & folide,
Rien ne vous manqueroit fi vous auiez Armide;
Mais par l'effet d'vn charme amoureux & nouueau
Quand ie ne la voy pas, ie ne voy rien de beau.

Il regarde le portrait d'Armine.

Chef d'œuure, où l'art fait voir par fa douce im-
　poſture
Les plus aimables traits qu'ait formez la Nature,
Belle caufe des maux qui me font preparez,
Vous auez des apas dignes d'eſtre adorez:
Ce qu'Armide a de beau, vous l'auez en partage;
Mais quoy ? d'Armide enfin vous n'eſtes que l'I-
　mage,
Et ie ne trouue en vous malgré mes iuſtes vœux,
Que l'Image du bien qui me peut rendre heureux.
Pour Armide à mes yeux vos traits vous font pa-
　roiſtre;
Mais Armide eſt fenfible, & vous ne pouuez l'eſtre.
Et vous ne pouuez l'eſtre ? ouy, Portrait precieux,
Mais c'eſt poſſible en quoy vous luy reſſemblez
　mieux.
Ie conçoy peu d'efpoir, & j'ay de juſtes craintes
Qu'Armide comme vous fera fourde à mes plain-
　tes,
Et que cette Beauté dont ie crains le couroux
Ne fera pas pour moy plus fenfible que vous;
Mais qui caufe dans l'onde vne rumeur foudaine?
Vn Triton fort du fleuue auecque vne Sirene ;
Ils paroiffent tous deux difpofez à chanter,
Leur deffein me furprend ; mais il faut écouter.

SCENE V.

VN TRITON, VNE SIRENE, RENAVD.

VN TRITON & vne SIRENE chantent.

IL faut aimer,
C'est vn destin ineuitable ;
Il n'est point de cœur indomptable
Que l'Amour ne puisse charmer ;
Mais sur tout quand on est aimable,
Il faut aimer.

RENAVD.

Tous mes sens enchantez de cet air agreable
Sont contraints de ceder au sommeil qui m'accable.

[Renaud s'endort & le Triton & la
Sirene continuent à chanter.]

Que de plaisirs,
Amour fait trouuer dans ses chaisnes !
Ses rigueurs les plus inhumaines
Font pousser de charmans soûpirs,
Et ses maux causent moins de peines
Que de plaisirs.

SCENE VI.

ARMIDE, RENAVD.

ARMIDE.

ALlez, retirez-vous, Renaud eſt endormy,
Et ie veux ſans ſecours perdre cet ennemy.

Le Triton & la Sirene ſe plongent
dans le fleuue, & Armide continuë.

C'eſt maintenant qu'il faut que cette ame indom-
ptée
Succombe ſous les coups d'vne femme irritée ;
L'heure fatale arriue où Renaud doit perir,
S'il ouure encor les yeux c'eſt pour ſe voir mourir,
Et ſon ſommeil eſt moins dans ce peril extréme
Le frere de la Mort, que la Mort elle meſme ;
Aſſouuiſſons nos ſens du plaiſir precieux
Que la vangeance inſpire aux eſprits furieux.
Ie vay perdre vn Amant , mais en vain à ma rage
Son cœur trop criminel oppoſe mon Image ;
Loin d'épargner ſon cœur, ie percerois le mien
S'il empeſchoit mes coups d'aller juſques au ſien.
Ie ſens bien qu'il n'eſt point de peine plus funeſte
Que de ſe voir aimer d'vn objet qu'on deteſte :
L'Amour à la pitié veut touſiours engager ;
Et comme tout mon bien conſiſte à me vanger,
Son amour n'eſt pour moy qu'vne nouuelle of-
fence ,
Puis qu'elle oſe vouloir m'arracher ma vangeance ;
Mais ie me puis vanger doublement à mon tour,
En puniſſant Renaud ie puniray l'Amour.

Détruisons son Empire au cœur de ce perfide ;
Vangeons-nous de tous deux.

Comme elle leue le bras pour fraper Renaud d'un
dard qu'elle tient, l'Amour paroist en l'air.

SCENE VII.

L'AMOVR, ARMIDE.

L'AMOVR.

ARreste, arreste, Armide.

ARMIDE.

Et qui donc es-tu, toy qui troubles mes desirs?

L'AMOVR.

Ie suis fils du desordre & Pere des plaisirs,
C'est moy dont la puissance infinie & feconde
Soustient ce qui subsiste aux Cieux & dans le
    Monde.
I'anime la Nature, ou pour mieux m'exprimer,
Ie t'aprens que ie suis le Dieu qui fait aimer.

ARMIDE.

Par quel droit pretends-tu trauerser ma vangeáce,
Toy de qui j'ay tousiours méprisé la puissance?
Le Dieu qui fait aimer en dépit de ses traits,
N'a rien à commander à qui n'aima iamais.

L'AMOVR.

Si tu n'aimas iamais, tu peux aimer encore,
Ma flame dans ton cœur malgré toy peut éclo-
    re,
La source de la vie est l'effet de mes feux,
Sur tous les corps viuans ie puis ce que ie veux;

Et quand ie laiſſe vn cœur dedans l'indifference,
C'eſt mon deſir qui manque & non pas ma puiſ-
 - ſance;
Mais enfin il eſt temps que tu ſuiues ma loy,
Tu t'es voulu vanger de Rénaud & de moy,
Et ie viens animé fortement à te nuire,
Deffendre contre toy Renaud & mon Empire.

ARMIDE.

Quoy ? tu me veux deffendre icy de me vanger?

L'AMOVR.

Ouy ; mais de tes tourmens c'eſt là le plus leger,
Ie veux pour te punir par vn ſupplice extréme
Te donner de l'amour pour ton ennemy meſme.

ARMIDE.

Moy ! de l'amour pour luy ! perds cette vanité,
Tout ton pouuoir dépend de noſtre volonté.
Pour te vaincre, il ne faut que ſe vouloir deffendre,
L'on n'a iamais d'amour qu'autant qu'on en veut
 prendre ;
Enfin quoy qu'en effet tes ordres rigoureux
Puiſſent deſſus mon cœur, j'y puis encor plus
 qu'eux,
Et loin que pour Renaud mon ame ſoit émeuë,
Il faut que ie me vange & qu'il meure à ta veuë.

L'AMOVR.

Ce trait te va punir, & luy ſauuant le iour,
T'aprendra qu'il n'eſt rien d'impoſſible à l'Amour.

Il s'enuole en luy tirant vne fléche.

SCENE VIII.

ARMIDE, RENAVD.

ARMIDE *arrachant la fléche qui luy est de-*
meurée dans le sein.

O Ciel ! mais de ce coup l'atteinte est trop le-
gere
Pour garantir Renaud des traits de ma colere,
Et deussay-ie en perir, ie me plains peu du Sort,
Puis que j'ay de la vie assez pour voir sa mort.

RENAVD *resvant.*

Ie ne suis point vos coups, non....

ARMIDE.

Il resve.

RENAVD.

Inhumaine,
Ie ne puis Iamais viure auecque vostre haine,
Et contraint d'expirer ; j'aime mieux receuoir
La mort de vostre main que de mon desespoir.

ARMIDE.

Si ma main par ta mort peut remplir ton attente,
Tu mourras satisfait & ie viuray contente,
Reçoy le coup... Mais Dieux ! quel tremblement
Me saisit à la fois & le cœur & la main ! (soudain
Quel mouuement s'oppose en mon ame alarmée
Au cours de la fureur dont ie suis animée,
Et quel charme plus fort que mes enchantemens
Souleue contre moy mes propres mouuemens ?
Quoy ? de mon Ennemy ie souffre icy la veuë,
Et loin de redoubler ma haine diminuë !

L'objet qui l'augmentoit ne sert qu'à l'amoindrir,
Et ce qui m'irritoit commence à m'attendrir.
D'où vient que de mes sens la reuolte inhumaine
En faueur de Renaud ose trahir ma haine,
Et que mes yeux, malgré mon furieux desir,
L'obseruent auec soin ; & mesme auec plaisir?
Auec plaisir ! mes yeux vous font donc cet outrage,
Transports impetueux de vangeance & de rage,
Et vous n'empeschez pas ces guides de mon cœur
De voir nostre Ennemy sans peine & sans horreur?
Mais quoy, j'adresse en vain cette plainte pressante
Aux restes impuissans de ma fureur mourante.
Tout mon couroux s'esteint, & dans mon lâche
  cœur
Ie ne sens que foiblesse & ne sens plus d'ardeur.
Plus d'ardeur ! ah, que dis-ie ? en vain ie dissimule,
D'vne ardeur forte encor ie sens bien que ie brûle;
Mais helas ! cette ardeur qui me brûle à son tour
Ne vient plus de la haine, elle vient de l'Amour.
Renaud, dont le merite est plus fort que mes char-
  mes,
Tu triomphes d'Armide, elle te rend les armes,
Et nul peril ne doit te donner de terreur
Ayant pû triompher d'vne femme en fureur.
Ie sens bien que ta gloire à ma honte s'augmente,
Et que ton ennemie enfin est ton amante
L'Amour qui me punit cesse icy d'estre doux,
I'ay toute sa tendresse & luy tout mon couroux,
Et par le prompt effet d'vn changement estrange
Au lieu de me vanger j'aime, & l'Amour se vange.
Sa vangeance est pourtant imparfaite en ce point
Qu'il me punit d'vn trait qui ne me déplaist point:
Ie hay ma liberté quand ie reçois sa chaîne,
Et ie fais mes plaisirs de ce qu'il fait ma peine.

       Tous

Tous ſes maux ont touſiours des charmes pour nos
    cœurs,
Et ſi ſes maux ſont doux, quelles ſont ſes douceurs?
Si ta juſtice, Amour, égale ta puiſſance,
Fay ceſſer ta colere auecque mon offence,
Mon crime eſt maintenant expié par tes feux,
Aprés m'auoir punie, exauce au moins mes vœux:
Ie te veux conſacrer les reſtes de ma vie,
Mon cœur d'autres plaiſirs ne conçoit plus d'en-
    uie :
Tranſporte nous tous deux pour viure ſous ta loy,
Dans des lieux interdits à tout autre qu'à toy.
L'Amour paroiſt en l'air ſuiuy de quatre Amours.

SCENE IX.

L'AMOVR, ARMIDE, RENAVD, quatre petits Amours.

L'AMOVR.

TEs vœux ſont exaucez & ie ſuis preſt, Armide,
    Dans vn mode inconnu de te ſeruir de guide,
Vous qui m'obeïſſez, Dieux des contentemens,
Amours, ſous ma conduite enleuez ces Amants.

Les quatre petits Amours deſcendent ſur le Thea-
tre, (†) deux ayant pris Renaud, (†) les deux au-
tres Armide, ils les enleuent ſous la conduite de
L'Amour.

I

SCENE X. & derniere.

LA FLEVR, LA ROQVE.

LA FLEVR *sortant de la place en desordre, où
il a esté assis depuis le second Acte.*

MA fille est morte, ô Ciel !

   LA ROQVE *l'abordant.*

      Vous l'allez voir descendre,
Et son enleuement vous deuoit moins surprendre.

    LA FLEVR.

On peut estre surpris par vn semblable effet.

    LA ROQVE.

De nos Essays enfin estes vous satisfait ?

    LA FLEVR.

Ouy, chacun a bien fait dans tous ses personnages,
Ie consents auec joye à vos trois mariages :
Vostre Art dans ces essais m'a paru noble & doux,
Et vostre Sort enfin doit faire des jaloux,
Si vostre Troupe vn iour a la gloire de plaire,
Au plus auguste ROY que le Soleil éclaire,
Au PRINCE sans égal qui possede à la fois
Ce que separément ont eu les plus grands Rois,
Et qui portant par tout sa Valeur sans seconde,
Ne doit la voir borner que des bornes du Monde.

*Fin de la Tragicomedie en Machines &
du cinquiéme & dernier Acte.*